Rolf Potts

WELTENBUMMELN
VAGABONDING

Rolf Potts

WELTENBUMMELN
VAGABONDING

Das ultimative Handbuch für Langzeitreisen durch die ganze Welt

riva

Bibliografische Information der Deutschen Nationalbibliothek:
Die Deutsche Nationalbibliothek verzeichnet diese Publikation in der Deutschen Nationalbibliografie; detaillierte bibliografische Daten sind im Internet über http://d-nb.de abrufbar.

Für Fragen und Anregungen:
info@rivaverlag.de

1. Auflage 2017

Nymphenburger Straße 86
D-80636 München
Tel.: 089 651285-0
Fax: 089 652096

Übersetzung: Egbert Baqué
Redaktion: Ronit Jariv
Umschlaggestaltung: Manuela Amode, Krista Vossen
Umschlagabbildung: Rolf Potts
Layout: Daniel Förster, Judith Stagnitto Abbate
Illustration: shutterstock.com/LongQuattro
Satz: Daniel Förster
Druck: GGP Media GmbH, Pößneck
Printed in Germany

ISBN Print 978-3-7423-0082-9
ISBN E-Book (PDF) 978-3-95971-494-5
ISBN E-Book (EPUB, Mobi) 978-3-95971-493-8

Für zwei Lehrer:

GEORGE D. POTTS, Prärie-Naturforscher und ein unvergleichlicher Träumer

Und in Erinnerung an

JOHN FREDIN, Mentor und Freund (1930–2000)

Die Luft, die mir den Atem zum Sprechen gewährt;
Ihr Gegenstände, die ihr meine Gedanken
aus ihrer Zerstreuung zusammenruft und ihnen Gestalt verleiht;
Du Licht, das mich und alle Dinge
mit seinen gleichmäßigen Schauern umhüllt;
Ihr ausgetretenen Pfade in den unebenen Senkungen
zu beiden Seiten des Weges;
Ich glaube, ihr verbergt in euch unsichtbare Existenzen,
denn ihr seid mir so teuer.

WALT WHITMAN, *GESANG VON DER FREIEN STRASSE*

Vagabonding (1) Die geordnete Welt hinter sich zu lassen, um für längere Zeit unabhängig auf Reisen zu gehen. (2) Eine individuell sinngebende Art des Reisens, bei der es auf Kreativität, Abenteuer, Erkenntnis, Einfachheit, Entdeckung, Unabhängigkeit, Eigenständigkeit und die Entwicklung von Geist und Seele ankommt. (3) Eine bewusste Art zu leben, durch die Freiheit zum Reisen entsteht.

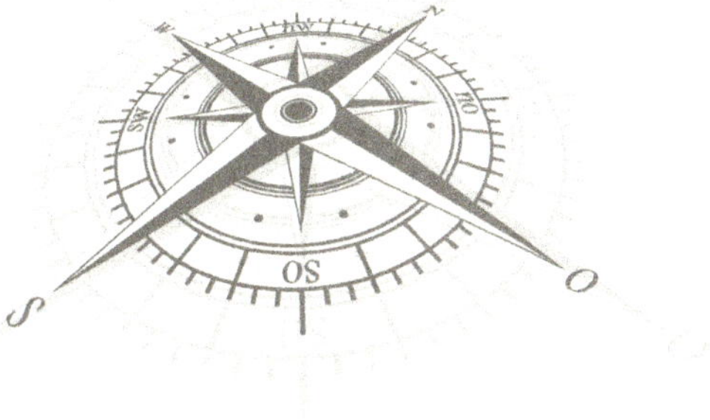

INHALT

VORWORT

Ab 2004 bereiste ich ungefähr 18 Monate lang die Welt. Die Lektionen, die ich dabei lernte, bildeten die Grundlage für einen großen Teil meines Buchs *Die 4-Stunden-Woche*.

Auf meiner Reise von den Hinterhöfen Berlins bis zu den versteckten Seen Patagoniens hatte ich fast nichts dabei: nur einen Rucksack und einen winzigen Koffer. Und nur zwei Bücher. Das eine war (natürlich) *Walden* von Henry David Thoreau, das andere *Vagabonding* von Rolf Potts.

Seit 2005 lese ich im Durchschnitt ein bis drei Bücher pro Woche, also 50 bis 150 im Jahr.

Vagabonding ist immer noch in meiner Top-Ten-Liste lebensverändernder Bücher. Warum? Weil ein einziger unglaublicher Trip, vor allem eine langfristige Reise, dein Leben für immer verändern kann. Und *Vagabonding* lehrt dich, wie man reisen (und denken) sollte – nicht nur für einen Trip, sondern für den Rest deines Lebens.

In meinem eigenen abgenutzten Exemplar von *Vagabonding* finden sich auf fast jeder Seite Anmerkungen, Unterstreichungen und Hervorhebungen, die sich auf ein breites Themenspektrum beziehen: von Taktischem (zum

Beispiel wie man intelligent packt, was man mitnehmen sollte und was nicht) bis hin zu Philosophischem (die Upanischaden, wie man nach einem von Hektik und Koffein geprägten Leben das Tempo drosselt, und so weiter).

Auf die Umschlaginnenseite kritzelte ich gleich nach dem Kauf eine Liste von Traumzielen, zu denen Orte wie Stockholm, Prag, Paris, München, Berlin und Amsterdam gehörten. Die Liste wurde fortgesetzt.

Rolfs Anleitungen und Tipps nutzend, habe ich *alle* abgehakt. Viele davon konnte ich in meinem eigenen, selbst bestimmten Tempo jeweils zwei bis drei Monate lang erkunden, sorglos und ohne Eile. Ein Traum wurde wahr.

Alles in *Vagabonding* hilft weiter – *vorausgesetzt,* du arbeitest auch an dir selbst. Während ich es auf Reisen immer und immer wieder las, wurde mir klar: Reisen heißt nicht nur, das äußere Umfeld zu verändern, es bedeutet auch, sein Innenleben neu zu erfinden.

Dieses Buch hat mein Leben komplett verändert und das Gleiche wünsche ich auch euch.

Genießt die Abenteuer. Möge es viele davon geben!

Pura vida,

Tim Ferriss

VORBEMERKUNG

GEBRAUCHSANWEISUNG FÜR DIESES BUCH

Es gibt viele Reisebücher, die für die Vorbereitung einer langen Reise hilfreich sind, doch dieses Buch kann dich mithilfe einer einfachen und bewährten Ethik für den Rest deines Lebens die Kunst des Reisens lehren. Manche Bücher erzeugen mit ihren beinahe enzyklopädischen (und oft redundanten) Reiseinformationen die Illusion, der beste Weg, eine ausgedehnte Reise anzugehen, sei, sie so detailliert wie möglich zu planen. Dieses Buch bietet dir nur, was du wirklich brauchst, um dich fürs Unterwegssein vorzubereiten, und ermutigt dich dadurch, deine Reisen mit den Freuden der Ungewissheit zu bereichern. Während manche Reisebücher nach einmaliger Lektüre unbrauchbar sind, wird dir dieses Buch neue Perspektiven aufzeigen und, je länger du unterwegs bist, auf neuartige Weise in dir nachhallen.

Dieses Buch betrachtet Langzeitreisen nicht als eine Flucht, sondern als Abenteuer und Leidenschaft – als Möglichkeit, Ängste zu überwinden und das Leben in vollen Zügen zu genießen. Bei der Lektüre wirst du erfahren, wie du durch Einfachheit eine beachtliche Fülle an (Reise-)Zeit gewinnst. Du wirst entdecken, wie du unterwegs neue Erfahrungen machen und Abenteuer erleben und damit umgehen kannst. Und vor allem wirst du lernen, die Welt zu deinen eigenen Bedingungen zu bereisen, indem du die Mythen und Ansprüche überwindest, die dein Erlebnis abzuwerten drohen.

Wenn du je den Drang verspürt hast, für längere Zeiträume auf Reisen zu gehen, aber nicht sicher bist, woher du die Zeit und die Freiheit dazu nehmen sollst, dann ist dieses Buch für dich das richtige. Wenn du schon mal auf Reisen warst, aber das Gefühl hast, dass diesem Erlebnis irgendetwas Wichtiges fehlte, ist dies ebenfalls das richtige Buch für dich.

Dies ist kein Buch für Draufgänger und Leute, die nur den Nervenkitzel suchen. Es ist ein Buch für jeden, der bereit ist, eine ungewöhnliche Entscheidung zu treffen, die es ihm ermöglicht, wochen- oder monatelang durch die Welt zu reisen und unterwegs zu improvisieren (und dabei Geld zu sparen).

Wenn das für dich nach einer verführerischen Möglichkeit klingt, dann lies unbedingt weiter …

Allem, was ich als das Meinige bezeichne,
solltest du ein Deiniges gegenübersetzen
Sonst wäre es verlorene Zeit, mir zuzuhören.

WALT WHITMAN, GESANG VON MIR SELBST

EINLEITUNG

WIE MAN SICH SELBST GEWINNT

Vor einiger Zeit schipperte ich auf einem heruntergekommenen alten Postdampfer gemächlich den Irrawaddy-Fluss in Myanmar stromabwärts, als mir der Lesestoff ausging. Sobald das Schiff in der kleinen Stadt Pyay anlegte, stürzte ich an Land und kaufte das einzige englischsprachige Buch, das ich auftreiben konnte: ein abgenutztes Exemplar von Dale Carnegies *How to Win Friends and Influence People* (auf Deutsch: *Wie man Freunde gewinnt. Die Kunst, beliebt und einflussreich zu werden*). Während wir langsam Richtung Rangun dampften, fing ich an, darin zu lesen.

Irgendwie hatte ich es bislang geschafft, ohne die Lektüre eines einzigen Selbsthilfebuchs durchs Leben zu gehen. Carnegies Empfehlungen waren, wie sich herausstellte, eine charmante Mischung aus gesundem Menschenverstand (»Sei ein guter Zuhörer«), guten Ratschlägen (»Respektiere die Meinung anderer«) und althergebrachten Vorstellungen (»Vergiss nicht, wie sehr sich Frauen für Kleidung interessieren«). Nachdem ich das Buch während der Flussfahrt genüsslich ausgelesen hatte, verschenkte ich es in Rangun und vergaß es eine Zeit lang völlig.

Ungefähr einen Monat später bekam ich das Angebot, ein Buch über die Kunst des Langzeitreisens zu schreiben. Da ich über die Ethik des Weltenbummelns bislang in erster Linie in Form von Erzählungen für *Salon.com* geschrieben hatte, dachte ich mir, es sei vielleicht hilfreich, mich ein wenig über Struktur und Format von Ratgeberbüchern zu informieren. Während ich also versuchte, wieder ein Exemplar von *How to Win Friends and Influence People* aufzutreiben, stellte ich fest, dass sich der Markt für Ratgeber- und Selbsthilfebücher seit Carnegies Tagen erheblich verändert hatte. Es gibt inzwischen scheinbar für jede menschliche Aktivität, alle nur denkbaren Sehnsüchte und Wünsche und sämtliche Bevölkerungsgruppen irgendein inspirierendes Buch. Allein schon die Bücher der Reihen *Chicken Soup for the Soul* (auf Deutsch: *Hühnersuppe für die Seele*) und *Don't Sweat the Small Stuff* (auf Deutsch: *Alles kein Problem!*)

nahmen jeweils fast eine eigene Abteilung in der Buchhandlung in Anspruch.

Als ich so – verwirrt von der Vielzahl der Titel – zwischen den Regalen stand, begann ich, mir ein eigenes Bücherimperium zum Thema *Weltenbummeln* vorzustellen: nicht nur *Weltenbummeln*, sondern auch *Weltenbummeln für Teens*, *Weltenbummeln für Golfer*, *Wie man seine Kleidung weltenbummeln lässt*, *Die Zehn-Wochen Weltenbummler-Diät*, *Eine Weltenbummler-Weihnacht*, *Baby zum ersten Mal auf Weltenbummel*, *101 pikante Weltenbummler-Rezepte*, *Alles, was ich wirklich wissen musste, lernte ich beim Weltenbummeln*. Und so weiter.

Schließlich verließ ich den Buchladen ohne ein einziges Buch. Ich beschloss, mein Buch auf die einzige Art und Weise zu schreiben, die ich beherrschte: aus Erfahrung, aus Leidenschaft und mit gesundem Menschenverstand.

Wenn dieses Buch gelegentlich unkonventionell erscheint, gut so. Weltenbummeln selbst ist unkonventionell.

Was das Wort »Vagabonding« anbelangt, so dachte ich lange, es sei meine eigene Erfindung. 1998 begann ich, eine Kolumne zum Thema Abenteuerreisen für Salon.com zu schreiben. Damals suchte ich ein prägnantes Wort, um zu beschreiben, was ich tun wollte: die wohlgeordnete Welt verlassen, um für einen längeren Zeitraum und mit wenig Geld auf Reisen zu gehen. »Backpacking« schien mir eine zu vage Beschreibung zu sein, »Globetrotten« klang zu prätentiös und »Touring« – eine Tour unternehmen – ein bisschen schwach. Daraufhin spielte ich mit dem Wort »Vagabund« – dem alten, aus dem Lateinischen abgeleiteten Begriff, der einen Wanderer ohne festen Wohnsitz bezeichnet – und dachte mir »Vagabonding« aus.

Fast hatte ich mich schon selbst davon überzeugt, dass ich einer bestimmten Geisteshaltung des Reisens zu einem coolen neuen Ausdruck verholfen hatte, als ich im Regal eines Secondhand-Buchladens in Tel Aviv ein mit Eselsohren versehenes Taschenbuch mit dem Titel *Vagabonding in Europe and North Africa* entdeckte. Es stammte von einem Amerikaner namens Ed Buryn und war nicht nur geschrieben worden, bevor meine Reisekolumnen im Internet erschienen, sondern bevor ich überhaupt auf die Welt kam. Trotz des gelegentlich aufblitzenden Hippie-Jargons (»Meide Reiseveranstalter genauso sehr wie Bullen und erkunde die Welt auf eigene Faust«), stellte ich fest, dass der Band ausgezeichnete Ratschläge enthielt und ein vernünftiges, aufschlussreiches Prä-Lonely-Planet-Kompendium aus praktischen Tipps und der Philosophie unabhängigen Reisens war. Die Entdeckung von Buryns Buch entmutigte mich ganz und gar nicht, sie wirkte sogar befreiend: Mir wurde klar, dass der Akt des Weltenbummelns – egal, welche Bezeichnung man ihm gibt – kein isolierter Trend ist, sondern eine »geisterhafte Beziehung zwischen Menschen, die durch Ort und Zeit zwar lange getrennt waren, aber auf irgendeine Art die gleiche Sprache sprechen« (um einen Satz von Greil Marcus aufzugreifen).

Inzwischen habe ich das Wort »Vagabonding« auch schon in einem Text von 1871 gesehen (in Mark Twains *Roughing It*, auf Deutsch: *Durch dick und dünn*), es jedoch nie in einem Wörterbuch gefunden. In gewisser Weise ist es eine Art Nonsens-Wort, das spielerisch benutzt wurde, um ein Reisephänomen zu beschreiben, das es bereits gab, als Walt Whitman schrieb: »Und ich oder du können, ohne einen Groschen in der Tasche, das Köstlichste auf der Erde kaufen.«

Entsprechend will ein Teil von mir den Begriff weiterhin im Unsinn belassen: unbestimmt, flüchtig und offen für Interpretationen wie das Reiseerlebnis selbst.

Denk also beim Lesen dieses Buchs immer an die weisen Worte des Kampfkunst-Meisters Bruce Lee: »Forsche nach eigenen Erfahrungen, um die Wahrheit zu finden … Nimm an, was nützlich ist. Lass weg, was unnütz ist. Und füge das hinzu, was dein Eigenes ist.«

Unterwegs gilt das Gleiche für das Weltenbummeln.

TEIL 1

WELTENBUMMELN – VAGABONDING

Von dieser Stunde ab erkläre ich mich befreit von allen
Einschränkungen und eingebildeten Scheidelinien;
Wohin ich will, geh ich; ganz unbedingt mein eigener Herr;
Höre den andern zu und überlege wohl, was ich sage;
Verweile, forsche, empfange, betrachte;
Entziehe mich lind, aber mit unwiderstehlicher
Willenskraft den Banden, die mich halten wollten.

WALT WHITMAN,
GESANG VON DER FREIEN STRASSE

KAPITEL 1

ERKLÄRE DEINE UNABHÄNGIGKEIT

Unter all den haarsträubenden, einfach so dahingeworfenen Sätzen, die man in Filmen zu hören bekommt, gibt es einen, der für mich heraussticht. Er stammt weder aus einer verrückten Komödie noch aus einem esoterischen Science-Fiction-Streifen oder aus einem mit Spezialeffekten vollgepackten Actionthriller. Er ist in Oliver Stones *Wall Street* von 1987 zu hören, wenn Bud Fox, die von Charlie Sheen verkörperte Figur –, eine große Nummer an der Börse – seiner Freundin von seinen Träumen erzählt.

»Wenn ich, bevor ich 30 bin, einen Haufen Kohle zusammenkriege und aus dieser Tretmühle rauskomme, kann ich mit meinem Motorrad kreuz und quer durch China fahren.«

Als ich diese Szene vor ein paar Jahren zum ersten Mal auf Video sah, fiel ich vor Verwunderung fast vom Hocker. Im Grunde genommen könnte Charlie Sheen oder sonst jemand doch acht Monate lang als *Kloputzer* arbeiten und hätte dann genug Geld zusammen, um mit einem Motorrad durch China zu fahren. Selbst jemand, der noch gar kein eigenes Motorrad besitzt, könnte mit noch ein paar Monaten länger Toilettenschrubben genug verdienen, um sich vor der Abreise eins zu kaufen.

Die meisten Menschen fänden an dieser Szene vermutlich nichts merkwürdig. Aus irgendwelchen Gründen sehen wir Langzeitreisen zu fernen Ländern als einen wiederkehrenden Traum oder als eine exotische Verlockung an und nicht als etwas, das ins Hier und Jetzt gehört. Stattdessen beschränken wir unsere Reisen – aus einer verrückten Abhängigkeit von unseren Ängsten, Gewohnheiten und monatlichen Zahlungen für Dinge, die wir eigentlich nicht brauchen – auf kurze, hektische Ausbrüche. Während wir unser Geld für eine abstrakte Vorstellung namens »Lifestyle« verpulvern, wird das Reisen bloß zu einem weiteren Accessoire – einem goldgeränderten, fein verpackten Erlebnis, das wir genauso kaufen wie Kleidung und Möbel.

Vor Kurzem las ich, dass Reiseagenturen im letzten Jahr fast eine Viertelmillion an Kurzzeitaufenthalten in Klöstern und Ordensstiften verkauft haben. Spirituelle Enklaven von Griechenland bis Tibet verwandelten sich in gefragte Touristenattraktionen und Reiseexperten führten diesen Boom auf die Tatsache zurück, dass »gestresste Karrieristen nach einem einfacheren Leben suchen«.

Leider wies niemand darauf hin, dass es ungefähr so sinnvoll ist, auf der Suche nach einem einfacheren Leben einen Pauschalurlaub zu buchen, wie in einen Spiegel zu gucken, um zu erfahren, wie man aussieht, wenn man gerade nicht in den Spiegel blickt. Verkauft wird doch nur eine romantische *Vorstellung* von einem einfacheren Leben. Und genau wie man es niemals schaffen wird, sich unbefangen im Spiegel zu betrachten, egal, wie unauffällig und schnell man hineinschaut, wird auch keines dieser Reisearrangements für eine Woche oder zehn Tage uns wirklich aus unserem Alltagsleben führen.

Letztlich hält uns diese Zwangsehe von Zeit und Geld in einer Warteschleife. Je mehr wir Erlebnisse mit einem Geldwert verbinden, desto mehr glauben wir, dass Geld das Wichtigste ist, was wir zum Leben brauchen. Und je mehr wir Geld mit dem Lauf des Lebens verbinden, desto überzeugter sind wir schließlich, dass wir zu arm sind, um uns Freiheit kaufen zu können. Bei einer solchen Denkart ist es kein Wunder, dass so viele der Meinung sind, ausgedehnte Reisen ins Ausland seien nur etwas für Studenten, alternative Aussteiger und müßige Reiche.

In Wirklichkeit hat Langzeitreisen nichts mit demografischen Faktoren zu tun – Alter, Ideologie, Einkommen –, sondern hängt einzig und allein von der individuellen Einstellung des Einzelnen ab. Für Langzeitreisen muss man keine Universität besuchen, sondern das Leben um sich herum studieren. Langzeitreisen ist kein Akt der Rebellion gegen die Gesellschaft, sondern ein Zeichen gesunden Menschenverstands im Rahmen dieser Gesellschaft. Für Langzeitreisen braucht man nicht Unmengen von »Kohle«, man muss sich nur bewusster durch die Welt bewegen.

Diese bewusstere Art, die Welt zu durchwandern, war schon immer der althergebrachten und ohne Weiteres verfügbaren Tradition des Reisens eigen, die als Weltenbummeln oder »Vagabonding« bekannt ist.

Vagabonding erfordert, dass man sich eine verlängerte Auszeit aus dem normalen Leben nimmt – sechs Wochen, vier Monate, zwei Jahre –, um die Welt zu seinen eigenen Bedingungen zu bereisen.

Doch über das Reisen hinaus ist Vagabonding auch eine Lebensauffassung. Es geht darum, den Reichtum und die Mittel des Informationszeitalters zu nutzen, um persönliche Möglichkeiten zu erweitern, anstatt persönliche Besitztümer anzuhäufen. Vagabonding heißt, nach Abenteuern im Alltag zu suchen und nach dem normalen Leben im Abenteuer. Vagabonding ist eine Haltung – ein freundliches Interesse an Menschen, Orten und Dingen, das uns zu Entdeckern im wahrsten, anschaulichsten Sinne des Wortes macht.

Vagabonding ist weder ein Lifestyle noch ein Trend. Es ist vielmehr eine ungewöhnliche Art der Lebensbetrachtung – eine Wertberichtigung, die wie von selbst Handlungen nach sich zieht. Es geht um Zeit – unser einziges wirkliches Gut – und die Art, wie wir mit ihr umgehen wollen.

John Muir, der Gründer des Sierra Club (ein Ur-Vagabund, wenn es je einen gab), drückte stets seine Verwunderung über die betuchten Reisenden aus, die den

Yosemite-Nationalpark besuchten und nach nur wenigen Stunden Sightseeing wieder davonrauschten. Muir nannte solche Leute die »Zeitarmen« – Menschen, die so besessen davon waren, ihren materiellen Reichtum und ihre gesellschaftliche Stellung zu bewahren, dass sie nicht einmal die Zeit erübrigen konnten, die Pracht der Wildnis der kalifornischen Sierra Nevada wirklich wahrzunehmen. Zu den Besuchern, die Muir im Sommer 1871 in Yosemite aufsuchten, gehörte Ralph Waldo Emerson, der beim Anblick der Mammutbäume begeistert ausrief: »Es ist ein Wunder, dass wir diese Bäume sehen können und nicht mehr darüber staunen.« Als Emerson dann allerdings ein paar Stunden später wieder abreiste, fragte Muir leicht spöttisch, ob sich der berühmte Transzendentalist die Bäume überhaupt richtig angeschaut hatte.

Fast ein Jahrhundert später bezog sich der Naturforscher Edwin Way Teale auf Muir und beklagte das hektische Tempo der modernen Gesellschaft. »Freiheit wie John Muir sie kannte«, schrieb er in seinem 1956 erschienenen Buch *Im Herbst durch Amerika*, »mit ihrer Fülle an Zeit, ihren unreglementierten Tagen, ihrem Spielraum an Wahlmöglichkeiten ..., eine solche Freiheit scheint mit jeder neuen Generation immer seltener zu sein, immer schwieriger zu erreichen, immer ferner.«

Doch Teales Klage über die zunehmende Einschränkung persönlicher Freiheit war schon 1956 eine genauso hohle Verallgemeinerung wie heute. John Muir war klar, dass das Weltenbummeln sich nie nach einer der Mode unterworfenen, allgemein akzeptierten Definition von Lebensstil richtet. Vielmehr handelte es sich schon immer um eine persönliche Entscheidung, getroffen aus einer

Gesellschaft heraus, die uns unentwegt bedrängt, uns anders zu verhalten.

Dieses Buch handelt davon, wie man eine solche Entscheidung in die Tat umsetzt.

TEIL 2

VOR DER REISE

Hast du Luftschlösser gebaut,
so braucht deine Arbeit nicht verloren zu sein.
Eben dort sollten sie sein.
Jetzt lege das Fundament darunter!

HENRY DAVID THOREAU, *WALDEN*

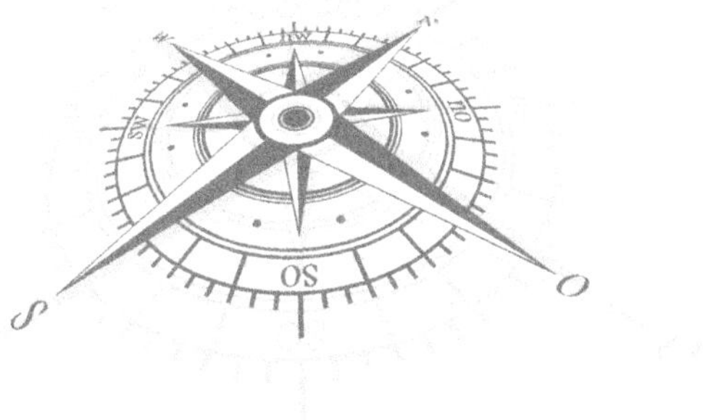

KAPITEL 2

ERLANGE DEINE FREIHEIT

Es gibt eine Geschichte, die der überlieferten Tradition der Wüstenväter entstammt, einem Orden christlicher Mönche, der vor rund 1.700 Jahren in den Einöden Ägyptens existierte. Die Geschichte berichtet von zwei Mönchen mit Namen Theodor und Lucius, die beide das dringende Verlangen hatten, sich auf den Weg zu machen und die Welt zu sehen. Da sie jedoch innere Einkehr geschworen hatten, war ihnen derlei nicht erlaubt. Um also ihre Wanderlust zu bändigen, lernten Theodor und Lucius, »über ihre Versuchungen zu spötteln«, indem sie ihre Reisen in die Zukunft verschoben. Wurde es Sommer, sagten sie einander: »Wir werden im Winter aufbrechen«, kam der Winter, sagten sie: »Wir reisen im Sommer ab.« So hielten sie es mehr als 50 Jahre lang und weder verließen sie je das Kloster noch brachen sie ihre Gelübde.

Die meisten von uns haben solche Schwüre natürlich nie geleistet – und sich trotzdem entschieden, wie diese Mönche zu leben, denn wir binden uns an ein Zuhause oder eine Karriere und benutzen die Zukunft als eine Art vorgetäuschtes Ritual, das die Gegenwart rechtfertigt. Auf diese Weise verbringen wir letztendlich (wie Thoreau es formulierte) »die besten Jahre unseres Lebens damit, Geld zu verdienen, damit wir im Laufe des am wenigsten kostbaren Teils des Lebens eine fragwürdige Freiheit genießen können«. Wir würden gerne alles stehen und liegen lassen und die Welt da draußen erkunden, doch der richtige Zeitpunkt dafür scheint sich nie zu ergeben. Wir haben also in unbegrenztem Maße die Wahl, treffen aber nie eine. Während wir uns in unserem Leben gemütlich einrichten, klammern wir uns immer besessener an heimische Gewissheiten und vergessen eines Tages, was wir ursprünglich anstrebten.

Vagabonding heißt, den Mut zu fassen, sich von diesem Klammern an die sogenannten Gewissheiten der Welt zu lösen. Vagabonding lehnt das ewige Verschieben des Reisens auf eine vermeintlich passendere Zeit ab. Vagabonding bedeutet, die Kontrolle über die eigenen Lebensumstände zu übernehmen, anstatt passiv darauf zu warten, dass diese Umstände eines Tages über das eigene Schicksal entscheiden.

Die Frage, wie und wann man mit dem Weltenbummeln beginnt, stellt sich also eigentlich gar nicht. Es beginnt sofort. Auch wenn die praktische Realität des Reisens noch Monate oder Jahre entfernt ist – Vagabonding beginnt in dem Moment, in dem man aufhört, Ausreden zu suchen, anfängt, Geld zu sparen, und im aufgeregt kribbelnden Bewusstsein des Möglichen über Landkarten brütet. Die Realität des Weltenbummelns rückt in einen schärferen Fokus, sobald man seine Weltsicht korrigiert und beginnt, die berauschende Ungewissheit, die wahres Reisen verspricht, zu akzeptieren.

Vagabonding ist kein leeres Ritual, das sich in Impfungen und Kofferpacken erschöpft. Es ist vielmehr ein kontinuierliches Schauen und Lernen, eine Auseinandersetzung mit Ängsten, ein Verändern von Gewohnheiten und die Kultivierung einer neuen Faszination für Menschen und Orte. Eine solche Haltung kann man sich nicht zusammen mit der Bordkarte am Flughafenschalter abholen. Es ist ein Prozess, der zu Hause beginnt. Es ist ein Vorgang, bei dem wir uns langsam in die Gewässer vortasten, die uns schließlich zu wundervollen neuen Orten fortreißen werden.

Im Verlaufe dieses Prozesses wird man möglicherweise herausfinden, dass man für die Ungewissheiten und Anpassungen, die das Weltenbummeln erfordert, nicht geschaffen ist. »Vagabonding ist«, wie es Ed Buryn vor 40 Jahren unverblümt ausdrückte, »nichts für Sofahündchen, arrogante Misan-

> Das eine lernte ich, dass, wenn der Mensch vertrauensvoll in der Richtung seiner Träume fortschreitet, wenn er sich bemüht, das Leben zu leben, welches die Phantasie ihm ausmalt, Erfolge von ihm erzielt werden können, von denen er sich in Alltagsstunden nichts träumen ließ. Manche Dinge wird er aufgeben, eine unsichtbare Grenze wird er überschreiten. Neue, universelle und freiere Gesetze werden in ihm und um ihn herum Wurzeln fassen.
>
> HENRY DAVID THOREAU, *WALDEN*

thropen oder Trockenschwimmer, deren schwache Überzeugungen den sich ergebenden Problemen nicht standhalten werden«. Diese Feststellung Buryns hat nichts Snobistisches. Letzen Endes verlangt das Weltenbummeln bestimmte Opfer, die nicht jedermanns Sache sind.

Folglich ist es wichtig, sich nicht nur aufs Weltenbummeln einzulassen, weil man es für angesagt hält oder sich dazu verpflichtet fühlt. Vagabonding ist weder eine gesellschaftliche Geste noch zeugt es von moralischer Überlegenheit. Es ist kein perfektes Zwölf-Schritte-Programm für richtiges Reisen oder ein politisches Statement, das die Neuerfindung der Gesellschaft verlangt. Es ist vielmehr ein persönlicher Akt, der einzig die Neuorientierung des Ichs erfordert.

Falls du dich mit einer solchen persönlichen Neuorientierung nicht auseinandersetzen willst (und natürlich auch falls Weltenbummeln nicht deiner Vorstellung von Spaß entspricht), steht es dir frei, das Weltenbummeln denen zu überlassen, die sich dazu berufen fühlen.

Der beste Lackmustest für deine Entschlossenheit, dich auf das Weltenbummeln einzulassen, bietet sich praktischerweise nicht erst beim Reisen an, sondern bereits während du dir im Vorfeld die Freiheit zu Reisen verdienst. Das erfordert Arbeit – und die ist für das Weltenbummeln sowohl aus psychischen als auch aus finanziellen Gründen wesentlich.

Um die psychische Bedeutung von Arbeit zu verstehen, braucht man sich nur Menschen anzuschauen, die wohlhabende Eltern haben und mit deren Geld die Welt bereisen. Diese Leute, die manchmal als Scheckbuch-Hippies bezeichnet werden, gehören unter Reisenden zu den am leichtesten erkennbaren und am wenigsten glücklichen Weltenbummlern. Sie hüllen sich in lokale Kleidung, ziehen von einer exotischen Reiseszene zur nächsten, mischen sich zwanghaft in örtliche politische Angelegenheiten ein, experimentieren mit Rauschmitteln und dilettieren in jeder nur vorstellbaren nicht westlichen Religion. Unterhält man sich mit ihnen, erzählen sie garantiert, sie seien auf der Suche nach einem »Sinn«.

In Wirklichkeit jedoch suchen sie vor allem nach dem Grund, warum sie überhaupt auf Reisen gegangen sind. Weil sie für ihre Freiheit nie arbeiten mussten, haben ihre Reiseerlebnisse keinen persönlichen Bezug zu ihnen – keine Verbindung zu ihrem sonstigen Leben. Unterwegs verbringen sie viel Zeit und geben reichlich Geld aus, aber von sich selbst haben sie von Anfang an nicht genug eingebracht. Entsprechend minderwertig sind ihre Reiseerfahrungen.

Thoreau sprach in *Walden* ebendiesen Gedanken an: »Wer wird am Schluß des Monats die größten Fortschritte gemacht haben, der Junge, der sein Taschenmesser selbst verfertigte, von dem Erze an, das er grub und schmolz, und der nur so viel las, als dazu nötig war – oder derjenige, welcher inzwischen Vorlesungen über Metallurgie an der Universität hörte und von seinem Vater ein Rogersches Federmesser geschenkt erhielt? Wer von beiden wird sich wahrscheinlich in den Finger schneiden?«

> **Du bist wie deine tiefen, drängenden Wünsche. Wie deine Wünsche, so ist dein Wille. Wie dein Wille, so deine Tat, und wie deine Tat, so ist dein Schicksal.**
>
> ***UPANISCHADEN***

Auf einer bestimmten Ebene mag die Vorstellung, dass Freiheit mit Arbeit verbunden ist, ein wenig deprimierend wirken. Das sollte sie aber nicht. Vor all den wunderbaren Erlebnissen, die dich in fernen Ländern erwarten, beginnt der »sinnträchtige« Teil des Reisens stets zu Hause, mit einer persönlichen Investition in die kommenden Wunder.

»Ich liebe die Arbeit nicht«, sagt Marlow in Joseph Conrads *Herz der Finsternis*, »aber ich liebe das, was in der Arbeit drinsteckt – die Möglichkeit, sich selbst zu finden.« Marlow spricht dabei nicht vom Weltenbummeln, doch der Gedanke ist auch darauf anwendbar. Arbeit ist nicht nur eine Aktivität, die finanzielle Mittel einbringt; es ist die Zeit der Reife für Weltenbummler, die Phase, in der man an Integrität gewinnt, beginnt, Pläne zu schmieden, und insgesamt so richtig in die Gänge kommt. In dieser Phase träumt man vom Reisen und verfasst Notizen, aber es ist auch die richtige Zeit, um Ordnung in sein Leben zu bringen, manche Dinge abzuschließen. Arbeiten heißt, sich Problemen zu stellen, vor denen man sonst eher davongelaufen wäre. Dabei geht es darum, seine finanziellen *und* emotionalen Schulden zu bezahlen – damit die künftigen Reisen keine Flucht vor dem wirklichen

> Der Wunsch, auf Reisen zu gehen, spiegelt eine positive Einstellung wider. Du willst etwas sehen, mit deinen Erfahrungen reifen und als Mensch insgesamt vermutlich mit dir selbst im Reinen sein. Vagabonding bringt dich noch einen Schritt weiter: Es begünstigt die Aussichten, diese positive Haltung zu erhalten und zu stärken. Als Weltenbummler beginnst du, dich öfter deinen Ängsten zu stellen, statt ihnen aus Bequemlichkeit immer wieder auszuweichen. Du festigst eine Grundhaltung, die das Leben lohnender macht, und das wiederum macht es leichter, diesen Weg weiterzugehen. Das nennt man positives Feedback, und es funktioniert.
>
> ED BURYN, *VAGABONDING IN EUROPE AND NORTH AMERICA*

Leben sind, sondern zur *Entdeckung* dieses wirklichen Lebens führen.

Es gibt zahllose Wege, sich seine Reisen zu erwirtschaften. Unterwegs bin ich Weltenbummlern sämtlicher Altersgruppen begegnet, die alle möglichen Vorgeschichten hatten und aus unterschiedlichsten sozialen Schichten kamen. Ich habe Sekretärinnen getroffen, Banker und Polizisten, die ihre Jobs gekündigt hatten und nun eine längere Pause einlegten, bevor sie etwas Neues anfingen. Ich traf Anwälte, Börsenmakler und Sozialarbeiter, die sich ein paar freie Monate ausgehandelt hatten, bevor sie ihre Karrieren an neuen Orten fortsetzten. Ich lernte talentierte Spezialisten kennen – Kellner, Webdesigner, Stripperinnen –, die festgestellt hatten, dass sie mit wenigen Monaten Arbeit monatelanges Reisen finanzieren konnten. Mir sind Musiker, Lastwagenfahrer und Arbeitsberater begegnet, die sich zwischen zwei Engagements eine längere Auszeit nahmen. Ich traf halbpensionierte Soldaten, Ingenieure und Geschäftsleute, die sich ein oder zwei Jahre fürs Reisen frei hielten, bevor sie sich in irgendetwas anderem versuchten. Manche der erfolgreichsten Weltenbummler, die ich getroffen habe, sind Saisonarbeiter – Zimmerleute, Parkarbeiter, Berufsfischer –, die jedes Jahr an warmen und exotischen Orten der Welt überwintern. Andere Leute – Lehrer, Ärzte, Barkeeper, Journalisten – haben sich dazu entschlossen, ihre Karrieren unterwegs fortzuführen und abwechselnd zu arbeiten und zu reisen, wie es sich gerade ergibt.

Viele Weltenbummler halten nicht an einem beständigen Berufsbild fest und nehmen Kurzzeitjobs nur an, um damit ihre Reisen und ihre Leidenschaften finanzieren zu können. In *Generation X* beschrieb Douglas Coupland diese Art von Arbeit als »Anti-Sabbatical« – ein Job, den man für einen begrenzten Zeitraum (oft ein Jahr) macht, nur »um genug Geld zusammenzubekommen, um dann einer anderen Aktivität nachgehen zu können, die einem wichtiger ist«. Bevor ich mit dem Schreiben anfing, finanzierte ich mein Weltenbummeln mit einer ganzen Reihe von Anti-Sabbaticals (darunter als Landschaftsgärtner, Verkäufer und Zeitarbeiter).

Keines der Anti-Sabbaticals, die mir meine Reisen finanzierten, ist mir jedoch so lebhaft in Erinnerung geblieben wie die zwei Jahre, die ich als Englischlehrer im südkoreanischen Pusan verbrachte. Abgesehen davon, dass ich durch meine Arbeit unglaublich viel über asiatische Sitten und Gebräuche lernte, war schon einfach der *Weg zur Arbeit* eine Übung im Erkennen von Möglichkeiten. In Korea konnte ich an jedem x-beliebigen Tag von einem buddhistischen Mönch, der »Air Jordan«-Sneakers trug, oder von einer Frau in Stewardessenuniform, die zu Werbezwecken Klopapier verteilte, gegrüßt werden. Schließlich nahm ich Details wie Kinder, die »Hallo« riefen, alte Männer, die in der Öffentlichkeit urinierten, und Gemüselaster, aus deren Lautsprechern »Edelweiß« dröhnte, gar nicht mehr wahr. Nach zwei Jahren in diesem Job ertappte ich mich tatsächlich dabei, wie ich gegen Langeweile ankämpfte, während mein Schülertrupp aus Büroangestellten umringt von 17-jährigen Karaoke-»Hostessen« in Miniröckchen »Califor-

> **Wir brauchen die Möglichkeit eines Entfliehens so gewiss, wie wir Hoffnung brauchen; ohne sie würde das Leben in den Städten alle Menschen in die Kriminalität treiben, zu Drogen greifen oder zu einem Fall für die Psychoanalyse werden lassen.**
>
> EDWARD ABBEY, *DIE EINSAMKEIT DER WÜSTE*

nia Dreaming'« sang. Und der Job war auch noch ziemlich gut bezahlt.

Wie auch immer du deine Reisefreiheit finanzierst: Vergiss nicht, dass die Arbeit ein aktiver Teil deiner inneren Reisehaltung ist. Auch wenn du den Anti-Sabbatical-Job nicht gerade als Lebensaufgabe empfindest, solltest du deine Arbeit mit Überzeugung und Aufmerksamkeit leisten und sparsam sein. Auf diese Weise war Thoreau in der Lage, seinen gesamten Lebensunterhalt am Walden-See durch nur sechs Wochen Arbeit im Jahr zu bestreiten. Da das Weltenbummeln eine etwas komplexere Angelegenheit ist als freischaffendes Philosophieren, wirst du aber wohl ein bisschen mehr Zeit aufwenden müssen, um das nötige Geld für die Reisekasse zusammenzukratzen.

Egal, wie lange es dauert, bis du dir deine Freiheit verdient hast: Denk daran, dass du für mehr als nur für einen Urlaub arbeitest.

Mit einem Urlaub wird Arbeit letztlich nur belohnt. Vagabonding rechtfertigt sie.

Der erste Schritt zum Weltenbummeln besteht letztendlich schlicht darin, die Arbeit deinen Belangen dienstbar zu machen anstatt umgekehrt. Ob du es glaubst oder nicht: Dies ist eine radikale Abkehr von der Sichtweise, die die meisten Leute auf das Verhältnis von Arbeit und Freizeit haben.

Vor ein paar Jahren brachte der Zeitungsverleger Joe Robinson unter dem Titel »Arbeiten, um zu leben« eine Petition in Umlauf. Ziel der Kampagne war es, ein Gesetz zu verabschieden, das den Urlaub von Amerikanern nach einem Berufsjahr auf drei Wochen und nach drei Berufsjahren auf vier Wochen verlängern sollte. Dem lag die

Erkenntnis zugrunde, dass die Menschen in Industrienationen der Arbeit ein viel zu großes Gewicht beimessen – dass das Einzige, dem sie Tag für Tag entgegensehen, ein langer Tunnel von Arbeit ist. »Das Hauptopfer dieser Umstände ist unsere Zeit«, erklärte Robinson, »jenes Gut, von dem wir einst so viel zu haben glaubten, damals, als wir noch in der sechsten Klasse saßen und die Zeiger der Uhr an der Wand sich nie zu bewegen schienen.«

Robinsons Kampagne war berechtigt und fand an der gesellschaftlichen Basis auch breite Unterstützung (und in Unternehmerkreisen natürlich entsprechend viel Widerspruch). Bei all der Publicity war ich allerdings erstaunt, dass niemand subversiv genug war, um auf das Offensichtliche hinzuweisen: Als Bürger einer stabilen, florierenden Demokratie hat jeder von uns, unabhängig von Bundesgesetzen und privatwirtschaftlichen Vorgaben, die Macht, sich selbst freie Zeit zu verschaffen. Wenn es uns heute so vorkommt, als würde die Uhr schneller ticken als damals zu Schulzeiten, so nur, weil wir die Macht eines Erwachsenen, seine Pausen selbst zu bestimmen, bisher nicht ausgenutzt haben.

Um diese Macht auszuüben, müssen wir lediglich (und wenn auch nur für ein paar Wochen oder Monate) strategischen Gebrauch von einer herkömmlichen Freiheitspraxis machen, die gemeinhin als »Kündigung« bekannt ist. Und das muss nicht unbedingt so leichtfertig vonstattengehen, wie es klingt: Viele Leute können sich durch »konstruktives Kündigen« Weltenbummel-Zeit verschaffen – das heißt, sie handeln mit ihren Arbeitgebern Sabbaticals oder längere Phasen der Abwesenheit aus.

> Viele von uns wollten zum ersten Mal in jungen Jahren weite Reisen unternehmen und exotische Abenteuer erleben; solche Ambitionen haben in der Tat etwas Jugendliches, für mich ein inspirierender Gedanke … Wenn wir also träumen wie früher, wissen wir mit einer plötzlichen und grell aufleuchtenden Klarheit, dass wir jetzt sofort aufbrechen müssen oder es nie tun werden. Und wenn nicht, werden wir in dem Wissen, dass wir uns schwer gegen uns selbst versündigt haben, von unseren unerfüllten Träumen verfolgt werden.
>
> TIM CAHILL, *EXOTIC PLACES MADE ME DO IT*

Selbst wenn man seinen Job endgültig kündigt, muss das kein negativer Schritt sein – schon gar nicht in einem Zeitalter, in dem Arbeit sich eher durch berufliche Spezialisierung und die Aufteilung von Aufgaben definiert. Während es vor 100 Jahren noch als unbesonnen galt, eine feste Stelle zu kündigen oder einen zeitlich begrenzten Job auszuüben, wird dies heutzutage, im Zeitalter flexibler Arbeitsplätze und Einsatzmöglichkeiten, immer häufiger als Zeichen gesunden Menschenverstands gesehen. Deshalb sollte man sich auch keine Sorgen machen, dass ausgedehnte Reisen »Leerstellen« im Lebenslauf hinterlassen könnten, sondern stattdessen seine Weltenbummler-Erfahrung nach der Rückkehr eher enthusiastisch als entschuldigend in den Lebenslauf einbringen. Liste die beruflichen Qualifikationen, die das Reisen dich gelehrt hat, auf: Unabhängigkeit, Flexibilität, Verhandlungsgeschick, Planungserfahrung, Wagemut, Selbstständigkeit, Improvisationsfähigkeit. Rede offen und selbstbewusst über deine Reiseerfahrungen – es kann gut sein, dass dein nächster Arbeitgeber interessiert und beeindruckt (und ein kleines bisschen neidisch) reagiert.

Wie Pico Iyer betont, bedeutet Kündigen »nicht Aufgeben, sondern Weiterziehen … eine Entscheidung zum Positiven. Kein Innehalten auf dem Lebensweg, sondern

> Und so stehe ich hier vor meinen Lesern als jemand, der eine kleine Botschaft der Hoffnung anbietet, die zuallererst vermitteln will, dass es immer Menschen gibt, die es wagen, an den Rändern der Gesellschaft zu suchen, die unabhängig von gesellschaftlicher Anerkennung sind, unabhängig von gesellschaftlicher Routine, und eine Art freischwebender Existenz bevorzugen.
>
> THOMAS MERTON, ASIATISCHES TAGEBUCH

ein Schritt in eine bessere Richtung. Mit etwas aufzuhören – ob es sich dabei um einen Job oder um eine Gewohnheit handelt – bedeutet eine Wendung, durch die man sich versichert, dass man sich weiterhin in Richtung der eigenen Träume bewegt.« Die Kündigung eines Jobs, um auf Reisen zu gehen, sollte nie als Ende einer unangenehmen und unerfreulichen Sache angesehen werden. Vielmehr ist es ein entscheidender Schritt, um etwas Neues und Wundervolles zu *beginnen*.

EMPFEHLUNGEN

SABBATICALS, UNBEZAHLTER URLAUB UND KÜNDIGUNG

Escape 101: The Four Secrets to Taking a Sabbatical or Career Break, von Dan Clements (Brain Ranch, 2007, E-Book und Druck, Englisch)
Schritt-für-Schritt-Methode, wie man sich, ohne den Boden unter den Füßen zu verlieren, im Hinblick auf Job, Karriere oder Geschäft so viel Auszeit nehmen kann, wie man braucht.

Gap Years for Grown Ups, von Susan Griffith (Crimson, 2011, Druck, Englisch)
Führer für ältere berufstätige Reisende, die ein Jahr freinehmen wollen oder eine Berufspause planen.

Mut zur Auszeit: Mit Sabbatical, Langzeiturlaub und Ausstieg auf Zeit zu mehr Lebensqualität und neuen Perspektiven, von Christa Langheiter (Redline Verlag, 2011, E-Book und Druck)
Anschauliche Fallbeispiele und Erlebnisberichte, Tipps und Checklisten über längere Pausen vom Job und den Wiedereinstieg.

Sabbaticals: Auszeit vom Job. Wie Sie erfolgreich gehen und motiviert zurückkommen, von Barbara Hess (Frankfurter Allgemeine Buch, 2009, Druck)
Informationen darüber, wie ein Sabbatical mit dem Arbeitgeber abgestimmt werden kann. Inklusive Musterverträgen, Verhandlungstipps und Checklisten.

Sabbatjahr.org (www.sabbatjahr.org)
Unabhängiges Infoportal zum Thema Sabbatjahr, Informationen für verschiedene Berufsgruppen und Bundesländer.

DIGITALE NOMADEN UND ORTSUNABHÄNGIGE ANSTELLUNGEN

Location Independent (locationindependent.com, Englisch)
Eine Website, die die Kunst unterstützt, an jedem selbst gewählten Ort der Welt zu leben und zu arbeiten.

The Nu Nomad (www.nunomad.com, Englisch)
Ein Netzwerk zum Leben und Arbeiten in der Ferne.

Thrilling Heroics (www.thrillingheroics.com, Englisch)
Cody McKibbens Website beinhaltet folgende Warnung: »Das Lesen dieser Website kann dich dazu verleiten, deinen Job zu kündigen und Dinge zu unternehmen, aufgrund derer deine Freunde und deine Familie dich für verrückt halten (und die bei dir die Frage aufkommen lassen, warum du nicht schon früher damit begonnen hast).«

Advanced Riskology (riskology.com, Englisch)
Tyler Tervoorens Blog zum Thema, wie man mit Ungewissheit besser lebt.

GoToMyPC (www.gotomypc.com, Englisch)
Dieser Service ermöglicht einen Desktop-Zugang von jedem mit dem Internet verbundenen Computer oder Mobilgerät.

Die 4-Stunden-Woche: Mehr Zeit, mehr Geld, mehr Leben, von Tim Ferriss (Ullstein Taschenbuch, 2015, E-Book und Druck)
Der ultimative Lifestyle-Design-Bestseller, der für das Konzept wirbt, weniger zu arbeiten und intensiver zu leben.

Handbuch für ortsunabhängiges Arbeiten: Kündige deinen Job und starte ein Freiheits-Business, von Tim Chimoy (Independent Publishing Platform, Neuauflage 2016, Druck)
Das Handbuch für alle, die ortsunabhängig arbeiten wollen, aber noch nicht wissen, wie sie loslegen sollen. Tim Chimoy gibt Hilfestellung für die ersten Schritte in die Selbstständigkeit.

Das Handbuch für digitale Nomaden: Selbstbestimmt leben – ortsunabhängig arbeiten, von Sebastian Kühn (Redline Verlag, 2016, E-Book und Druck)
Ein praxisbezogenes Nachschlagewerk, um den Traum vom ortsunabhängigen Arbeiten mit einem guten Plan in der Hinterhand umzusetzen.

DNX (Digital Nomad Experience) Toolbox (www.digitalenomaden.net)
Antworten auf die häufigsten Fragen rund um das Thema Digitale Nomaden und hilfreiche Tipps & Ressourçen.

ORTSUNABHÄNGIGE STELLEN FINDEN

Freelance Folder (freelancefolder.com)
Informationsquellen für Freiberufler, darunter Blogs, Foren, Bücher und ein Stellenportal.

Upwork (www.upwork.com)
Eine Website, über die Firmen ortsunabhängige Auftragsnehmer online finden, managen und bezahlen.

Guru (www.guru.com)
Stellenbörse für Freiberufler.

Rent A Coder (www.rent-acoder.com)
Stellenportal für Programmierer.

Freelancer Blog (www.freelancer-blog.de)
Zahlreiche aktuelle Informationen rund um das Leben eines Freelancers, darunter Steuerliches, Altersvorsorge, Hilfsmittel.

Freelance (www.freelance.de)
Marktplatz für Freiberufler und Projektanbieter, inklusive Blog rund um das Thema Freelancer (www.freelance.de/blog).

JOBS UND BERUFSCHANCEN IM AUSLAND

Im Ausland leben für Dummies, von Marco Kranjc (Wiley-VCH Verlag GmbH & Co. KGaA, 2011, Druck)
Ein Buch zum Thema Auswandern, das die Frage beantwortet, was man braucht, um im Ausland Arbeit finden und Fuß fassen zu können.

Backpacking weltweit: Rucksackreisen und Work & Travel – Aber richtig!, von Jack Harte (MANA-Verlag, 2016, Druck)
Hilfestellung zur Planung und Durchführung von Rucksackreisen mit Informationen über Möglichkeiten, unterwegs Geld zu verdienen.

Weltweit arbeiten: Gut vorbereitet für Job und Karriere im Ausland, von Béatrice Hecht-El Minshawi, Marja Szodruch (Redline Verlag, 2008, E-Book und Druck)
Ratgeber für den beruflichen Auslandsaufenthalt von den Vorbereitungen über Bewerbungsstrategien bis hin zur Rückkehr in die Heimat.

Auslandsjob – Work und Travel organisieren
(www.auslandsjob.de)
Unabhängiges Informationsportal rund um Working Holidays. Hilft, das richtige Land bzw. das richtige Projekt zu finden.

Auslandslust – Projekt zur Motivation von internationalen Bildungsaufenthalten (www.auslandslust.de)
Plattform mit Links zu Jobportalen in verschiedenen Teilen der Welt, die die Motivation und Bereitschaft für Auslandsaufenthalte unter Jugendlichen und Erwachsenen erhöhen möchte.

IM AUSLAND DEUTSCH ODER ENGLISCH UNTERRICHTEN

Dave's ESL Café (eslcafe.com)
Eine der ältesten und hilfreichsten Internetquellen für Englischlehrer und Jobsuchende im Ausland. Mit Diskussionsforen und Stellenangeboten.

ESL Job Feed (www.esljobfeed.com)
Eklektische Stellenbörse für Englischunterricht und verwandte Jobs.

TeacherPort (www.teacherport.com)
Hinweise für Lehrer und Uniabsolventen, wie man im Ausland Unterrichtsjobs findet.

Gemeinsamer Europäischer Referenzrahmen für Sprachen (http://www.europaeischer-referenzrahmen.de/toefl.php)
Informationen zum TOEFL-Test, zur Überprüfung der Kenntnis der englischen Sprache von Nicht-Muttersprachlern.

Deutschlehrerbörse (www.deutschlehrerboerse.de)
Jobbörse vom Verein Deutsche Sprache e.V. für alle fünf Kontinente.

Goethe-Institut (https://www.goethe.de/de/spr/unt.html)
Fortbildungen und Veranstaltungen zum Thema Deutsch als Fremdsprache und Deutsch als Zweitsprache.

Informationsbroschüre zum Thema Deutsch als Fremdsprache im Ausland (http://www.dw.com/de/deutsch-lernen-und-lehren-im-ausland-neue-brosch%C3%BCre-bietet-%C3%BCberblick/a-17863653)
Link zur Broschüre »Die Förderung von Deutsch als Fremdsprache im Ausland« des Auswärtigen Amts: stellt acht Einrichtungen mit Aktivitäten zur Förderung der deutschen Sprache im Ausland näher vor.

KOMMUNIKATIONSMÖGLICHKEITEN

Skype (www.skype.com)
Internetverbindung, über die Video-Telefonate kostenlos oder zu niedrigen Preisen möglich sind.

WhatsApp (App für das Smartphone)
Instant-Messaging-Dienst, über den Textnachrichten, Bild-, Video- und Tondateien ausgetauscht werden können. Internetbasierte Sprach- und Videoanrufe sind ebenfalls möglich.

Viber (App für das Smartphone)
Chat-Dienst für Smartphones und Desktop-PCs. Ermöglicht auch IP-Telefonie.

GEFAHREN UNTERWEGS

Viel diskutiert wird unter potenziellen Weltenbummlern die Frage, ob Reisen heutzutage noch sicher ist.

Tatsächlich ist das Reisen um die Welt statistisch gesehen nicht gefährlicher, als durch deine Heimatstadt zu fahren. Die meisten Gefahren und Ärgernisse unterwegs haben, genau wie zu Hause, mit Krankheit, Diebstahl und Unfällen (siehe Kapitel 7) zu tun – nicht mit politischer Gewalt oder Terrorismus.

Wenn aber gerade politische Gewalt oder Terrorismus die Schlagzeilen bestimmen, solltest du deine Reisepläne nicht gleich streichen, sondern dich regelmäßig auf dem Laufenden halten. Nur weil in den Abendnachrichten über Unruhen in einem Flüchtlingslager im Südlibanon berichtet wird, heißt das noch lange nicht, dass es gefährlich sein könnte, Beirut oder Galiläa (oder auch andere Regionen im Süden des Libanon) zu besuchen. Umgekehrt kann die politische Situation in Westafrika in den Abendnachrichten regelmäßig ignoriert werden, doch das bedeutet nicht, dass es sicher ist, Sierra Leone oder Liberia zu besuchen. Selbstverständlich ist es erforderlich, dass du dich bei der Reiseplanung über deine Zielorte etwas ausführlicher informierst als nur durch Fernseh- oder Onlinenachrichten. Onlinequellen wie die Reise- und Sicherheitshinweise des Auswärtigen Amts (siehe Seite 49) sind eine gute Basis, um die aktuelle Sicherheitslage in jedem Teil der Welt zu beurteilen.

Und falls du auf deiner Reise zufällig doch in ein gefährliches Gebiet geraten solltest: Halte Kontakte zu Einheimischen (denn sie können dir sagen, wo bestimmte Gefahren lauern), frequentiere möglichst Familienbetriebe (die bei politischen Anschlägen nie angegriffen werden), vermeide lautes und auffälliges Auftreten (dazu gehören auch dogmatische Diskussionen über Religion und Politik) und halte dich von erkennbaren touristischen Dreh- und Angelpunkten (die eher im Visier von Unruhestiftern stehen) fern. Kurz, die integre und bescheidene Haltung eines Weltenbummlers wird ganz von selbst zu einem sichereren Reisen führen. Sollte sich die Sicherheitslage in einer Region jedoch als besonders angespannt erweisen, geh einen Schritt weiter und meide Orte, an denen ausschließlich Ausländer versorgt werden (Stammkneipen von Auswanderern, Hard Rock Cafés und Ähnliches), halte dich von Demonstrationen und Menschenmengen fern (dazu gehören auch kleine Gruppen von Betrunkenen und Aufrührern) und erzähle Fremden nicht von deinen Reiseplänen oder davon, wo du untergebracht bist.

Denk zu guter Letzt daran, dass dich die meisten Menschen auf der Welt nicht als einen politischen Vertreter oder als Anhänger des »Großen Satans« sehen, sondern als Gast in ihrem Land. Selbst wenn sie mit der Politik und den Praktiken deines Heimatlandes ganz und gar nicht einverstanden sind, werden sie dich als Individuum achten und dir gastfreundlich und mit Respekt begegnen. Das erfährt man in den Abendnachrichten natürlich nicht. Reisen ermöglicht dir, die Vielfältigkeit dieser Welt auf eine Weise zu erleben, die Massenmedien nie vermitteln könnten.

Reise- und Sicherheitshinweise des Auswärtigen Amts
(https://www.auswaertiges-amt.de/DE/Laenderinformationen/SicherheitshinweiseA-Z-Laenderauswahlseite_node.html)
Reise- und Sicherheitshinweise für jedes Land von A bis Z. Sie be-

schreiben nationale Einreisebestimmungen, Währungsvorschriften, ungewöhnliche Gesundheitsbedingungen, Kriminalitäts- und Sicherheitslage, politische Unruhen und listen instabile Regionen auf. Im Falle einer aktuellen Gefahr in einem bestimmten Land wird zusätzlich eine besondere Reisewarnung ausgegeben.

Informationen zu konsularischen Fragen
(www.konsularinfo.diplo.de)
Für deutsche Touristen wie für im Ausland ansässige Deutsche sind die Auslandsvertretungen in allen rechtlichen Angelegenheiten die wichtigste Verbindungsstelle in das Heimatland.

The World's Most Dangerous Places, von Robert Young Pelton (Collins Resource, 2003, Druck, Englisch)
Ein ausführlicher Führer des Journalisten Robert Pelton zu den Gefahrenzonen der Welt. Das Buch beurteilt den Gefahrenfaktor für Reiseziele auf dem gesamten Globus und bietet darüber hinaus relevante historische, kulturelle und geografische Informationen. »Die Botschaft lautet, dass Reisen gefährlich sein kann, sofern du es willst, und sehr sicher, sofern du es willst«, schreibt Pelton. »Sogar in Kriegsgebieten.«

Come Back Alive (www.comebackalive.com)
Hier können sich Abenteurer, Reisende und Menschen, die in hochriskanten Gebieten arbeiten, mit den neuesten Informationen und Sicherheitshinweisen auf dem Laufenden halten.

Corporate Travel Safety (www.kevincoffey.com/safety_tips_index.htm)
130 Seiten Reise-Sicherheitshinweise, die für jeden Reisenden nützlich sein können, darunter die Vermeidung von Gepäckdiebstahl und Taschendieben, Laptop-Klau und Hoteleinbrüchen.

Eine regelmäßig aktualisierte und verlinkte Onlineversion dieser Informationsquellen-Übersicht findest du auf vagabonding.net unter dem Link »Resources«.

WELTENBUMMLER-STIMMEN

Für alles, was im Leben am wichtigsten ist, passt es zeitlich gerade nicht. Wartest du auf den richtigen Augenblick, deinen Job zu kündigen? Ein Kind in die Welt zu setzen? Eine Traumreise zu unternehmen? Leider stehen die Ampeln des Lebens nie alle gleichzeitig auf Grün. Die Umstände sind nie perfekt. »Eines Tages« (»Eines Tages werde ich dies oder jenes tun«) ist eine Krankheit, die dich deine Träume mit ins Grab nehmen lässt. Pro-und-Kontra-Listen – auf die ich früher schwor – sind genauso schlecht. Wenn dir etwas wichtig ist und du es irgendwann umsetzen willst, mach es einfach und korrigiere wenn nötig unterwegs deinen Kurs. Glück bevorzugt den Wagemutigen.

TIM FERRISS, 38,
AUTOR, SAN FRANCISCO

Mein jüngerer Bruder fragte mich, wovor ich mehr Angst hätte: meinen sicheren Job trotz prekärer Wirtschaftslage zu kündigen oder mit einem Rucksack auf eigene Faust Indien, Thailand, Kambodscha und Vietnam zu bereisen. Im selben Moment stand mein Herz für einen Augenblick still. Obwohl ein Reiseabenteuer durch Südostasien mir damals unmöglich erschien, hatte ich plötzlich Schmetterlinge im Bauch. Ein Kribbeln von der Sorte, die einen etwas wagen lässt. Ich wusste, was ich zu tun hatte. Kurz darauf reichte ich meine Kündigung mit zweiwöchiger Kündigungsfrist ein, weil ich wusste, dass letztendlich alles wie von selbst klappen würde.

CASSIDY AMICK, 29,
ANZEIGENBERATERIN, ARIZONA

Als wir unserer Familie und engen Freunden zum ersten Mal davon erzählten, dass wir unsere Kinder für ein Jahr von der Schule abmelden und in der Welt herumreisen wollten, wurden wir mehr als nur ein Mal schief angeschaut und mit skeptischen Fragen konfrontiert. Doch wir verfolgten unser Projekt weiter und bald schon überzeugten unsere positive Einstellung und unser Enthusiasmus die meisten unserer Freunde. Lass dir deine Reiseträume nicht ausreden. Das Wegkommen entpuppte sich als sehr viel schwieriger als das Reisen selbst. Fahr einfach los!

ANN VAN LOEN, 43, *LEHRERIN, SEATTLE*

Deine Freiheit ist wichtiger als alles andere. Und diese Freiheit gewinnst du in dem Moment, in dem du beschließt, dich auf den Weg zu machen. Wenn du dich hundertprozentig auf deinen Traum einlässt, damit beginnst, das Notwendige zu tun, um dich zu befreien, und dich in die neue Wirklichkeit des Reisens begibst, bist du schon unterwegs.

JENN MILLER, 39,
FREIE AUTORIN, KANADA

WELTENBUMMLER-STECKBRIEF

WALT WHITMAN

Allons! Wer du auch seist: komm und reise mit mir!

WALT WHITMAN, *GESANG VON DER FREIEN STRASSE*

Falls Weltenbummler einen Schutzheiligen haben, dann den Dichter Walt Whitman – allein schon für seinen »Gesang von der freien Straße«, diese ansteckend fröhliche Ode an den Geist des Reisens.

Whitman, 1819 als Kind einer Arbeiterfamilie in New York geboren, trat mit elf Jahren als Laufbursche in die Arbeitswelt ein. In dieser Phase sowie auch während seiner späteren Beschäftigung als Druckerlehrling strebte er danach, sich selbst weiterzubilden, und entwickelte einen Blick für Dinge von ungewöhnlicher Schönheit im Alltag.

Später wurde Whitman Journalist, doch sein eigentliches Lebenswerk war *Grashalme*, eine Sammlung nonkonformistischer freier Verse, die mit der Zeit bis zu seinem Tod 1892 auf mehr als 300 Gedichte anwuchs.

Als jungen Mann begeisterte Whitman die tägliche Überfahrt mit der Fähre von Brooklyn nach Manhattan, die in ihm eine dauerhafte Wertschätzung der ungewöhnlichen Freuden und erstaunlichen Wahrnehmungen auf Reisen erweckte. Und auch wenn ihn seine späteren Reisen bis in damals entlegene Orte der USA wie New Orleans und Denver führten, so ist es doch diese Feier der simplen Fortbewegung und Möglichkeit, die dem »Gesang von der freien Straße« seine emotionale Energie verleiht:

Und nichts irgendwo zu sehen, das
du nicht erreichen und
über das du nicht noch hinausgehen könntest;
Um sich keine Zeit zu denken, wie fern sie auch sei,
die du nicht erreichen und über die du
nicht noch hinausgehen könntest;
Keine Straße hinauf oder hinabzublicken,
die sich nicht für dich ausdehnte
und deiner wartete, […]
Um das Weltall selbst für eine Straße
anzusehen, für viele Straßen,
Straßen für wandernde Seelen.

Von all deinen Herden eine oder zwei Tassen Milch,
Von all deinen Getreidespeichern einen Laib Brot,
In deinem ganzen Palast nur ein halbes Bett:
Kann ein Mensch mehr gebrauchen?
Und alles andere gehört dir?

ÜBERLIEFERTES SANSKRIT-GEDICHT

KAPITEL 3

LEBE EINFACH

Im März 1989 lief die Exxon Valdez auf ein Riff vor der Küste Alaskas auf, was zur größten Ölpest in der Geschichte der Vereinigten Staaten führte. Dieses Unglück war zunächst eine Umweltkatastrophe, wirkte darüber hinaus aber auch Wunder, indem es beim Durchschnittsamerikaner ein Umweltbewusstsein entstehen ließ. Als im ganzen Land Fernsehbilder von ölverschmierten Seeottern und sterbenden Wattvögeln gesendet wurden, erfasste der Umweltschutz-Trend die ganze Nation.

Doch anstatt mehr zu bewahren und weniger zu konsumieren, versuchten viele, die Erde durch den Kauf von

»umweltfreundlichen Produkten« zu retten. Die Regale mit energieeffizienten Haushaltsgeräten waren in Windeseile leer, der Verkauf von Gesundheitsnahrung boomte und wiederverwendbare Einkaufstaschen aus Leinen kamen in Mode. Viele Kreditkartenfirmen spendeten einen kleinen Prozentsatz der Gewinne an Umweltschutzgruppen und ermutigten so die Konsumenten, »der Umwelt zu helfen«, indem sie sich in idealistische Shoppingorgien stürzten.

Solche Einkaufsexzesse und Biokost-Käufe trugen natürlich herzlich wenig dazu bei, den Zustand des Planeten zu verbessern – doch die meisten Leute fühlten sich dadurch besser, ohne ihre Lebensführung groß verändern zu müssen.

Die Vorstellung, dass materielle Investitionen wichtiger sind als persönliches Engagement, ist genau das, was so viele von uns glauben lässt, wir könnten es uns nie leisten, die Welt zu erkunden. Je mehr uns Lebensalternativen als Konsumentscheidungen präsentiert werden, desto mehr vergessen wir, dass es da einen Unterschied gibt. Haben wir uns erst mal eingeredet, der Kauf von Dingen sei der einzige Weg, eine aktive Rolle in der Welt zu spielen, ziehen wir daraus fatalistisch den Schluss, dass wir nie reich genug sein werden, uns ein längerfristiges Reiseerlebnis leisten zu können.

Glücklicherweise muss die Welt kein Konsumartikel sein. Genau wie Umweltbewusstsein ist Weltenbummeln nichts, in das man sich einkauft; es ist etwas, das man sich schenkt.

Tatsächlich wurde die Freiheit, die Welt zu bereisen, nie von einem Einkommensniveau bestimmt; sie basiert auf Einfachheit – auf der bewussten Entscheidung, wie wir das Einkommen, über das wir verfügen, einsetzen.

Und entgegen stereotypen Vorstellungen muss auf der Suche nach Einfachheit niemand zum Mönch, Wildbeuter oder zu einem fanatischen Revolutionär werden. Es ist auch keine Rede davon, dass man nun seine Rolle als Konsument aufgeben muss. Einfachheit erfordert eigentlich nur ein kleines persönliches Opfer: eine Korrektur der eigenen Gewohnheiten und Routinen innerhalb der Konsumgesellschaft.

Die größte Herausforderung beim Vereinfachen des Lebens besteht darin, dass man sich gelegentlich isoliert fühlt, denn in der frenetischen Welt der Massenkultur erfährt persönliche Einschränkung keine besondere Aufmerksamkeit.

> Unsere grob gestrickte Zivilisation bringt eine Vielzahl an Bedürfnissen hervor … Unsere Vorfahren schmiedeten Ketten aus Pflichten und Regeln, die uns trotz unserer laut verkündeten Freiheit fesseln, und wir selbst fügen in unserer Verzweiflung dann ein Kettenglied nach dem anderen hinzu, ächzen und geben uns auch noch medizinische Regeln zur Linderung vor.
>
> JOHN MUIR, *KINDRED AND RELATED SPIRITS*

Jack Kerouacs Wandlung zur kulturellen Ikone ist dafür ein gutes Beispiel. Kerouac, wohl der berühmteste amerikanische Reisende des 20. Jahrhunderts, fing die Offenbarungen von Reisen, auf denen man von der Hand in den Mund lebt, in Büchern wie *Unterwegs* und *Lonesome Traveler* anschaulich ein. In *Gammer, Zen und hohe Berge* schrieb er darüber, welche Freude es mache, unter Menschen zu leben, die glückselig den allgemein vorherrschenden Zwang ignorieren, »Erzeugnisse zu konsumieren und deshalb für das Privileg des Konsums auch arbeiten zu müssen, für all den Mist, den sie eigentlich gar nicht wollen … für Zeugs, das eine Woche später sowieso im Müll landet, ausschließlich

Unpersönliches in einem System aus Arbeit, Produktion, Konsum«.

Obwohl Kerouac durchaus auf materielle Bescheidenheit achtete, stellte er fest, dass sein persönliches Leben – das ihm die Freiheit zu reisen ermöglicht hatte – bald schon von einer schickeren (und vermarktbaren) öffentlichen Wahrnehmung seines Reise-*Lifestyles* überschattet wurde. Cabriolets, Jazz-Schallplatten, Marihuana – später auch noch Kakihosen von Gap – repräsentierten schließlich jenes mystische »Es«, nachdem er und Neal Cassady in *Unterwegs* gesucht hatten. Wie sein Beat-Kollege William S. Burroughs Jahre nach Jacks Tod anführte, war später ein Teil von Kerouacs geheimnisvollem Nimbus untrennbar mit der Vorstellung verbunden, er habe »eine Million Cafés eröffnet und eine Million Levi's an Leute beiderlei Geschlechts verkauft«.

In gewisser Weise gehörten Cafés, Cabriolets und Marihuana natürlich zu den Komponenten, die das Reisen für Kerouacs Leser so attraktiv machten. So funktioniert Marketing eben (ob mit Absicht betrieben oder nicht). Aber das war nicht das, was das Reisen für Kerouac *möglich* machte. Das Reisen möglich machte vielmehr die Einsicht, dass Selbstwertgefühl und Reichtum eines Menschen nicht an dem gemessen werden, was man konsumiert oder besitzt. Selbst Menschen am äußersten Rand der Gesellschaft besaßen, wie er feststellte, etwas, das die Reichen nicht hatten: Zeit.

Der Gedanke, dass uns Besitztümer nicht notwendigerweise reich machen, ist so alt wie die menschliche Zivilisation. Die alten Hindu-Upanischaden urteilten verächtlich über »diese Kette von Besitztümern, mit der wir Menschen uns selbst fesseln und unter der wir versinken«; in alten hebräischen Schriften wird erklärt, dass »derjenige, der Geld liebt, nie genug davon hat«. Jesus bemerkte, es sei sinnlos für einen Menschen, die »ganze Welt zu gewinnen, doch dabei seine Seele [zu] verwirken«, und Buddha wies verschmitzt darauf hin, dass es genauso absurd sei, Glück durch materielle Begehrlichkeiten zu suchen wie »darunter zu leiden, dass eine Bananenstaude keine Mangos trägt«.

Ungeachtet solcher über die Jahrtausende vermittelten Warnungen herrscht – gewissermaßen als eine Art Irrsinnskonsens – der übermächtige gesellschaftliche Zwang, sich im Leben zu bereichern, anstatt ein erfülltes Leben zu führen, es in der Welt »zu etwas zu bringen«, anstatt gut zu leben. Und trotz der Tatsache, dass die Industrienationen für ihre unglücklichen Reichen berühmt sind, sind die meisten von uns nach wie vor davon überzeugt, dass unser Leben perfekt wäre, wenn wir nur etwas mehr Geld hätten. Deshalb sind auch Glückslotterien zur Erlösungsmetapher des modernen Lebens geworden – sie nähren die Hoffnung auf die minimale Chance, dass irgendwann die richtigen Zahlen kommen und uns ein für alle Mal von finanziellen Sorgen befreien.

Glücklicherweise wurden wir alle mit Gewinnlosen geboren – um sie einzulösen, müssen wir nur den Rhythmus verändern, mit dem wir uns durch die Welt bewegen. Der Weltenbummler-Weise Ed Buryn wusste das: »Indem wir uns einer neuen Situation aussetzen, in diesem Fall dem Vagabonding, wird Zeit zum einzigen Gut, und dieses besitzt aufgrund biologischer Voraussetzungen jeder von uns in gleichem Maße. Geld braucht man natürlich weiterhin, um zu überleben, aber Zeit braucht man zum Leben. Sei also sparsam mit deinen geringen finanziellen Mitteln, um davon den zum Überleben notwendigen Grundbedarf abzudecken, aber sei großzügig mit deiner Zeit, um die Werte des Lebens zu kreieren, für die es den Aufwand lohnt. Alles klar?«

Alles klar. Und das Beste daran: Während du deine Zukunft auf großzügig bemessenen Feldern der Zeit kultivierst, streust du gleichzeitig die Saat für dein persönliches Wachstum aus. Und diese Saat wird nach und nach aufgehen, während du die Welt bereist.

> **Fortan verlang ich kein Glück; ich selbst bin das Glück.**
> **Fortan wimmere ich nicht mehr, verschiebe nichts mehr, brauche nichts.**
>
> WALT WHITMAN, *GESANG VON DER FREIEN STRASSE*

In gewisser Weise ist es leichter als es klingt, sein Leben für das Weltenbummeln zu vereinfachen. Das liegt daran, dass das Reisen schon von vornherein Einfachheit erfordert. Wer mir nicht glaubt, sollte mal versuchen, seinen ganzen Besitz in einem Rucksack zu verstauen. Das wird nie klappen, denn den Minimalismus, den das Reisen erfordert, wird man zu Hause nicht unterbieten, egal, wie bescheiden man auch eingerichtet sein mag. Den Prozess des Reduzierens und der Vereinfachung kann man allerdings schon in die Wege leiten, solange man noch daheim ist. Das ist in vielerlei Hinsicht nützlich: Es hilft nicht nur, Reiseausgaben zu sparen, sondern auch dabei, sich bewusst zu werden, wie unabhängig man eigentlich von seinen Besitztümern und Gewohnheiten ist. So wird man geistig auf die Realitäten unterwegs vorbereitet und das Reisen wird zu einer dynamischen Ausweitung der Lebensveränderungen, mit denen man zu Hause begonnen hat.

Die Vereinfachung der Lebensumstände bringt zunächst eine nicht ganz einfache Phase des Konsumverzichts mit sich – in etwa so, wie wenn man sich das Kaffeetrinken abgewöhnen wollte. Mit den bevorstehenden Reiseerfahrungen als deutlich greifbarem und lohnendem Ziel vor Augen lassen sich diese Unannehmlichkeiten jedoch gut überstehen. Während du dann allmählich beginnst, die Freunden der Einfachheit zu genießen, wirst du dich fragen, wie du jemals ein so mit Gegenständen überladenes Leben führen konntest.

> Reisen kann eine Art von Mönchstum unterwegs sein: Auf Reisen leben wir oft einfacher, wir haben nicht mehr Besitztümer dabei als das, was wir tragen können, und überlassen uns dem Zufall. Genau das meinte Camus, als er bemerkte: »Was den Wert des Reisens ausmacht, ist die Angst« – mit anderen Worten der Bruch mit unseren normalen Lebensumständen (oder die Emanzipation von ihnen) und allen Gewohnheiten, hinter denen wir uns verstecken.
>
> PICO IYER, *WHY WE TRAVEL*

Grundsätzlich gibt es drei allgemeine Methoden, dein Leben zu vereinfachen: Expansion stoppen, Gewohnheiten zügeln und Überflüssiges reduzieren. Der einfachste Teil dieses Prozesses ist der Verzicht auf Expansion. Mit Blick auf das bevorstehende Weltenbummeln solltest du keine neuen Besitztümer erwerben, egal, wie verführerisch sie erscheinen mögen. Diese Regel gilt natürlich für Dinge wie Autos oder Elektrogeräte, aber sie bezieht auch Reiseaccessoires mit ein. Einer der größten Fehler, den Menschen in Vorbereitung auf eine lange Reise machen, ist, dass sie in einer Art fehlgeleitetem Reisefieber manisch in Wasserfilter, Schlafsäcke und spezielle Klamotten investieren. Tatsächlich funktioniert Vagabonding aber am besten mit einem absoluten Minimum an Ausrüstung. Selbst mehrjährige Reisen erfordern kaum Investitionen außer robustem Schuhwerk und einer soliden Reisetasche oder einem strapazierfähigen Rucksack.

Während du verhinderst, dass dein Leben materiell ausufert, solltest du gleichzeitig auch versuchen, unnötige Ausgaben in deinem Alltag zu vermeiden. Einfach ausgedrückt heißt das: Lebe bescheidener (auch wenn du gar nicht bescheiden bist) und leg das Gesparte für dein Reisebudget zurück. Koch zum Beispiel lieber zu Hause, anstatt in Restaurants zu essen, und pack dir für die Arbeit oder Uni ein Lunchpaket ein. Statt in Nachtklubs Party zu feiern, ins Kino oder in Kneipen zu gehen, kannst du zu Hause mit Freunden oder der Familie Spaß haben. Ergreife jede Möglichkeit, die du siehst, eine kostspielige Gewohnheit abzuschaffen. Das Geld, das du dadurch sparst, wird dir später in Reisezeit ausgezahlt. Um nach dem College Geld für eine ausgedehnte Reise zu sparen, habe ich eine Menge Wurstbrote gefuttert (und viel vom Nachtleben im Seattle der Grunge-Ära verpasst) – doch die darauffolgenden acht Monate Freiheit auf den Straßen Nordamerikas waren dafür mehr als nur ein Ausgleich.

Die vielleicht größte Herausforderung im Prozess der Vereinfachung ist, seinen ganzen Krempel zu reduzieren – zusammenzustreichen, was man bereits besitzt. Wie Thoreau jedoch feststellte, kann dies der wichtigste Schritt sein, um die Freiheit zu erlangen, die für die Veränderung deines Lebens nötig ist: »Ich denke an die reiche und doch so unendlich arme Klasse«, schreibt er in *Walden*, »jener Menschen, die Tand auf Tand häufen und nicht wissen, was sie damit tun, wie sie denselben wieder loswerden können. Sie haben sich ihre eigenen goldenen oder silbernen Fesseln geschmiedet.«

Wie du im Vorgriff auf das Reisen deinen »Ramsch« reduzierst, hängt von deiner Situation ab. Bist du jung, hast du wahrscheinlich noch gar nicht so viel von dem, was dich zurückhalten könnte, angehäuft (das ist übrigens einer der Hauptgründe, warum so viele Weltenbummler eher junge Leute sind). Solltest du nicht mehr so jung sein, kannst du das sorglose Lebensgefühl der Jugend neu heraufbeschwören, indem du dich von den Dingen trennst, die für dein elementares Wohlbefinden nicht notwendig sind. Flohmärkte und Onlineverkaufsplattformen können wahre Wunder bei der Entrümpelung deines Lebens bewirken (und dich ganz nebenbei noch mit zusätzlichem Bargeld ausstatten). Hausbesitzer können sich ihre Freiheit zu reisen verdienen, indem sie ihr Heim zwischenvermieten; diejenigen, die zur Miete wohnen, können Sachen, die sie an einen Ort binden, verkaufen, einlagern oder verleihen.

> **Sehr viele Menschen geben Geld auf eine Weise aus, die sich von dem, was ihnen ihr eigentlicher Geschmack auferlegen würde, erheblich unterscheidet, und das nur, weil der Respekt ihrer Nachbarn davon abhängt, ob sie ein gutes Auto besitzen und zu ordentlichen Essen einladen können. In Wirklichkeit wird jeder, der sich problemlos ein Auto leisten kann, aber eher Reisen oder eine gute Bibliothek vorzieht, letztendlich sehr viel mehr respektiert werden, als wenn er sich genau wie alle anderen verhalten hätte.**
>
> **BERTRAND RUSSELL, *EROBERUNG DES GLÜCKS***

Im Zuge der Vereinfachung des Lebens sollten auch Schuldenprobleme angegangen werden. Wie Laurel Lee in *Godspeed* sarkastisch bemerkte, sind »die Städte voll von Leuten, die durch monatliche Ratenzahlungen für avocadogrüne Möbelgarnituren gefangen sind«. Wenn also irgend möglich, lass nicht zu, dass avocadogrüne Möbelgarnituren (oder irgendein anderer scheinbar harmloser Luxus) deinen Lebensverlauf bestimmen und dich in einen Teufelskreislauf aus Produktion und Konsum ziehen. Falls du bereits verschuldet bist, bemühe dich, die Schulden abzubezahlen – und mach keine neuen. Bist du mit einer Hypothek oder anderen langfristigen Schulden belastet, suche nach Möglichkeiten (wie die Vermietung von Eigentum), die es dir erlauben, über einen längeren Zeitraum von diesen Zahlungsverpflichtungen unabhängig zu sein. Ist man frei von Schuldenlasten, hat man beim Vagabonding einfach mehr Möglichkeiten.

Und auch mehr Möglichkeiten zur Gestaltung des Lebens insgesamt.

> **Es ist leicht, in der Welt nach der Meinung der Welt zu leben, es ist in der Einsamkeit leicht, nach seiner eigenen zu leben – aber der große Mensch ist der, welcher inmitten der Menge, ohne zu streiten, die Unabhängigkeit der Einsamkeit zu bewahren weiß.**
>
> RALPH WALDO EMERSON, *SELBSTÄNDIGKEIT*

Während du dein Leben vereinfachst und dich darauf freust, deinen neuen Reichtum an Zeit zu genießen, wirst du vonseiten deiner Freunde und Familie vermutlich seltsame Reaktionen erfahren. Einerseits werden sie sich für die vor dir liegenden Abenteuer begeistern, andererseits fassen sie deine zunehmende Freiheit jedoch möglicherweise als unterschwellige Kritik an ihrem eigenen Lebensstil auf. Weil es ihnen so vorkommt, als stelle deine neue Weltsicht ihre eigenen Werte infrage (oder zwinge sie zumindest, diese Werte in einem neuen Licht zu betrachten), werden sie dazu neigen, dich als unverantwortlich und egoistisch abzustempeln. Lass dich davon nicht beirren. Wie ich zuvor schon bemerkt habe, ist Vagabonding weder eine Ideologie noch ein Mittel gegen soziale Missstände oder das Merkmal eines gesellschaftlichen Status. Vagabonding war und ist ein ganz persönliches Unterfangen und wird das auch immer bleiben. Ziel dieses Unterfangens ist es, dein Leben zu verbessern – nicht im Vergleich zu deinen Nachbarn, sondern in Bezug auf dich selbst. Wenn deine Nachbarn deine Reisepläne also für verrückt halten, verschwende deine Zeit nicht damit, sie vom Gegenteil zu überzeugen. Bereichere dein Leben vielmehr stillschweigend mit den unzähligen Möglichkeiten, die Vagabonding bietet.

Die heftigsten Reaktionen auf mein Weltenbummler-Dasein erlebte ich interessanterweise unterwegs. Eines Tages lernte ich im israelischen Megiddo einen amerikanischen Luftfahrtingenieur kennen, der sich so diebisch freute, im Anschluss an seine Dienstreise nach Tel Aviv fünf freie Tage ausgehandelt zu haben, dass er kaum von etwas anderem sprach, während wir durch die Ruinenstadt spazierten. Als ich schließlich erwähnte, dass ich während der letzten 18 Monate Asien bereist hatte, sah er mich an, als hätte ich ihm eine Ohrfeige verpasst. »Dann musst du ja verdammt reich sein«, meinte er angesäuert. »Oder Mama und Papa sind es«, fügte er, mich von oben bis unten verächtlich musternd, hinzu.

Ich versuchte, ihm zu erklären, dass mir zwei Jahre Englischunterricht in Korea zu dieser Freiheit verholfen hatten, aber er wollte davon nichts wissen. Er konnte einfach nicht akzeptieren, dass zwei Jahre irgendeiner anständigen Arbeit genügten, um eine 18-monatige Reise (die noch nicht zu Ende war) zu finanzieren. Und dabei hatte er noch nicht mal die Krönung des Ganzen gehört: Meine täglichen Kosten waren während dieser achtzehn Monate beträchtlich *niedriger*, als sie es in den Vereinigten Staaten gewesen wären.

Das Geheimnis dieser außergewöhnlichen Wirtschaftlichkeit war weder geheim noch außergewöhnlich: Ich hatte mir diesen ergiebigen Quell an Freizeit ganz einfach durch Verzicht auf ein paar Annehmlichkeiten während des Reisens erschlossen. Statt in Luxushotels übernachtete ich in sauberen, einfachen Herbergen und Gästehäusern. Statt das Flugzeug zu nehmen, stieg ich in Busse, Züge und Sammeltaxis. Statt in schicken Restaurants zu dinieren, aß ich das, was Straßenverkäufer und lokale Cafeterien anzubieten hatten. Ab und an reiste ich zu Fuß, schlief unter freiem Himmel und speiste umsonst, wenn mich freundliche Menschen mit Nachdruck zum Essen einluden.

Auf meinem Trip durch Asien, Osteuropa und den Nahen Osten, der schließlich insgesamt mehr als zwei Jahre dauerte, zahlte ich pro Übernachtung im Schnitt knapp unter fünf Dollar, mein Essen kostete deutlich weniger als einen Dollar pro Mahlzeit und meine gesamten monatlichen Ausgaben lagen selten über 1000 Dollar.

> Als ich noch sehr jung war, fragte mich ein wichtiger Bankier, was ich denn mal tun wolle, und ich sagte: »Reisen«. »Ah«, meinte er, »das ist sehr teuer; um das tun zu können, braucht man eine Menge Geld.« Er irrte sich. Es gibt nämlich zwei Arten von Reisenden: den bequemen Reisenden, den ständig eine gefräßige Wolke von Kosten umgibt, und den Reisenden, der auf eigene Faust alles anders macht und kleine Unbequemlichkeiten als willkommene Abwechslung zum Alltagsleben ansieht.
>
> RALPH BAGNOLD, *LIBYAN SANDS*

Zugegeben, ich habe einfache Bedürfnisse – an teuren Orten hielt ich mich erst gar nicht lange auf –, aber meine Art zu reisen hatte nichts Außergewöhnliches. Tatsächlich sind durch die niedrigen Preise in Entwicklungsländern komplette multinationale Touren für Rucksackreisende entstanden (ganz zu schweigen von Verlagsimperien für Low-Budget-Reiseführer). Für den Betrag, den zu Hause eine Tankfüllung kostet, kann man zum Beispiel mit dem Zug von einem Ende Chinas zum anderen fahren. Für den Preis einer ins Haus gelieferten Pizza kann man in Brasilien eine Woche lang vorzüglich speisen. Und für eine Monatsmiete in einer beliebigen US-amerikanischen oder europäischen Großstadt kann man ein ganzes Jahr in einer Strandhütte in Indonesien wohnen. Zudem gibt es selbst in industrialisierten Regionen Hostelketten, Beförderungsrabatte und Campingmöglichkeiten, die auch dort ein langfristiges Reisen erschwinglich machen.

Du wirst vielleicht sogar feststellen, dass Weltenbummeln auf die preiswerte Art letztendlich zu deiner bevorzugten Art des Reisens wird, selbst wenn dir teurere Möglichkeiten zur Verfügung stehen. Tatsächlich sparst du durch Einfachheit nicht nur Geld und gewinnst Zeit, sondern du wirst dadurch auch abenteuerlustiger und zu echten Kontakten mit Einheimischen gezwungen, wodurch du aufregende neue Wege beschreitest.

Einfachheit schenkt dir – sowohl zu Hause wie auch unterwegs – die Zeit, in einem oft vernachlässigten Gut, das zu keinem Preis käuflich ist, neuen Sinn zu suchen: im Leben selbst.

EMPFEHLUNGEN

EINFACHER LEBEN

Walden, von Henry David Thoreau (E-Book und Druck)
Der philosophische Bericht über Waldens Versuch, antimaterialistisch zu leben. Seit mehr als 150 Jahren ein amerikanischer Literaturklassiker.

Your Money or Your Life: 9 Steps to Transforming Your Relationship with Money and Achieving Financial Independence, von Joe Dominguez und Vicki Robin (Penguin USA, 2008, E-Book und Druck, Englisch)
Dieser Bestseller zeigt, dass die meisten Menschen sich zu Tode schuften, anstatt zu leben. Praktische Anleitung, wie man in neun Schritten finanzielle Unabhängigkeit erlangt.

Less Is More: The Art of Voluntary Poverty – an Anthology of Ancient and Modern Voices Raised in Praise of Simplicity, herausgegeben von Goldian VandenBroeck (Inner Traditions, 1996, Druck, Englisch)
Zitate und Essays über den Wert der Einfachheit von Denkern wie Sokrates, Shakespeare, dem heiligen Franziskus, Benjamin Franklin und Mahatma Gandhi und aus der Bibel, dem Dhammapada, dem Daodejing und der Bhagavad Gita.

Lebe einfacher! Ein Handlungsbuch für mehr Gelassenheit, von Janet Luhrs (Droemer Knaur, 2003, Druck)
Luhrs ist Gründerin und Verlegerin des Simple Living Journal *(begleitende Website www.simpleliving.com). Das Buch enthält Tipps, wie man durch Einfachheit das Leben in vollen Zügen genießen kann.*

Vom Aussteigen und Ankommen: Besuche bei Menschen, die ein einfaches Leben wagen, von Jan Grossarth (Riemann Verlag, 2011, E-Book und Druck)
Berichte über und Interviews mit Aussteigern unterschiedlichster Couleur.

Die Kunst, frei zu sein: Handbuch für ein schönes Leben, von Tom Hodgkinson (Heyne Verlag, 2009, Druck)
Tom Hodgkinson ist Experte für Genuss und Gelassenheit. Er plädiert für ein einfacheres Leben, befreit von Zwängen des modernen Lebens.

Packing and Traveling Light (www.verber.com/mark/travel/packing.html)
Ratschläge von Mark Verber, wie man unterwegs mit leichtem Gepäck zurechtkommt.

Weltreise Info (www.weltreise-info.de/packen/packliste.html)
Ein Ratgeber fürs Packen.

GELD-MANAGEMENT

Die Kunst, mit meinem Geld auszukommen, von Hedwig Kellner (Goldmann Verlag, 2009, Druck)
Die Unternehmensberaterin Hedwig Kellner zeigt, wie man gut mit seinem Geld auskommt und sich seine Wunschträume verwirklichen kann.

Man Vs. Debt (manvsdebt.com)
Erfahrungsberichte darüber, wie man Schulden abbaut und sich von überflüssigem Zeug befreit.

Punch Debt in the Face (www.punchdebtintheface.com)
Finanzberatung und Cartoons.

PriceOfTravel.com (www.priceoftravel.com)
Preise für Hotels, Essen und Sehenswürdigkeiten an vielen verschiedenen Orten der Welt. Enthält auch Informationen zu Wetter und Klima.

Mint (www.mint.com)
Mint führt alle deine Konten an einem Ort zusammen und hilft bei der Budgeterstellung und der Verfolgung deiner Zielsetzung.

PayPal (www.paypal.com)
Kauf und Verkauf sowie Geldtransfer online.

XE Currency Converter (www.xe.com/currencyconverter)
Aktuelle Wechselkurse.

Haushaltsbuch App »MoneyControl«
App zum Erfassen der täglichen Einnahmen und Ausgaben.

WELTENBUMMELN FÜR SENIOREN UND FAMILIEN

Statistisch betrachtet sind die meisten Weltenbummler zwischen 18 und 35 Jahren alt und kinderlos – doch das heißt nicht, dass jugendliche Unabhängigkeit eine Voraussetzung für Langzeitreisen ist. Tatsächlich sind einige der dynamischsten Weltenbummler ältere Menschen und Reisende mit Familienanhang, die dem Klischee trotzen und sich aufmachen, die Welt auf eigene Faust zu entdecken.

ÄLTERE WELTENBUMMLER

Alle Ratschläge in diesem Buch – von der Auswahl eines Reiseführers bis zum Umgang mit lokalen Kulturen – können generell genauso gut von älteren wie von jüngeren

Reisenden genutzt werden. Ältere Weltenbummler achten gelegentlich mehr auf ihr leibliches Wohl als ihre jüngeren Pendants, doch für beide treffen dieselben Grundregeln und Freiheiten des Individualreisens zu. Und da die meisten Kulturen ältere Menschen mit großem Respekt behandeln, erleben diese Reisenden unterwegs besonders häufig charmante Abenteuer und schließen wunderbare Freundschaften. In Touristengebieten sollten sie natürlich besondere Vorsicht walten lassen (siehe Kapitel 6), denn dort betrachten skrupellose Schlepper und Nepper Ältere häufig als leichte Beute.

Manche älteren Weltenbummler könnten bei der Planung ihrer Reisen etwas eingeschüchtert werden, denn individuelles Reisen wird oft in Parametern der Jugendkultur beschrieben. Eine Möglichkeit, diese Hemmschwelle zu überwinden, ist, sich vor dem eigenen Trip einer kurzen organisierten Tour anzuschließen. Mit einer positiven Einstellung und angemessener Wachsamkeit wirst du dich danach in der fremden Kultur als Individualreisender sicherer fühlen.

Transitions Abroad's Senior Travel Guide
(www.transitionsabroad.com/listings/travel/senior)
Artikel, Reiseprogramme, internationale Touren, Freiwilligeneinsätze und Reise-Websites für ältere Menschen.

Lonely Planet's older travelers' forum
(www.lonelyplanet.com/thorntree/forums/older-travellers)
Ein Onlineforum für ältere Reisende.

Seniorenreisen (www.seniorenreisen.info)
Reiseangebote rund um den Globus, zugeschnitten für Senioren.

Trans Consult Touristic (www.50plus-reisen.net)
Angebote für Individualreisende über 50, Anbieter unabhängig.

VAGABONDING MIT KINDERN

Eltern zu sein ist möglicherweise schon für sich genommen ein Abenteuer, was aber nicht bedeutet, dass man das Abenteuer auf seinen Heimatort beschränken muss. Für Kinder jeden Alters (und besonders zwischen sechs und 14 Jahren) wird eine ausgiebige Reise in die große weite Welt ein unvergleichliches Bildungserlebnis sein, das neue Interessen und Leidenschaften weckt. Reisen mit Kindern ist zwar manchmal eine Herausforderung, wird durch das einzigartige Abenteuer eines Familien-Weltenbummelns (und die gemeinsame Erinnerung daran) aber mehr als kompensiert.

Family Travel: The Farther You Go, the Closer You Get, von Laura Manske (Traveler's Tales, 2000, Druck, Englisch)
Eine Sammlung literarischer Geschichten über Familienreisen.

Delicious Baby (www.deliciousbaby.com)
Ideen und Geschichten, wie man Kindern das Reisen zum Vergnügen macht.

Lonely Planet Family Travel
(www.lonelyplanet.com/family-travel)
Onlineinformationsquellen für Familienreisen.

Reisehandbuch für Familien: Praxistipps, Checklisten, Vollmachten, Packlisten, Internetadressen, Tipps für Schwangere, von Kerstin Führer und Jenny Menzel (KidsAway.de, 2015, E-Book und Druck)

Ratschläge für Familien, die eine Reise mit Babys und Kindern planen. Mit Erlebnisberichten und Insidertipps.

Vier um die Welt: Vom Abenteuer, mit Kindern rund um den Globus zu reisen, von Alexandra Frank (Goldmann Verlag, 2015, E-Book und Druck)
Reisebericht von einer Familie, die mit zwei Kindern fünf Monate lang die Welt bereist hat.

Weltenbummler: Eine Familie bereist dreißig Monate die Welt, von Heike Praschel (Malik, 2014, E-Book und Druck)
Die Familie erzählt humorvoll, wie sie mit zwei Kleinkindern und einer älteren Tochter mit dem Auto um die Welt gereist sind.

KidsAway – Reisen und Urlaub mit Baby und Kind
(www.kidsaway.de)
Reisecommunity für Familien mit Baby und Kind. Viele nützliche Hinweise, Reiseberichte, Checklisten und Empfehlungen.

Eine regelmäßig aktualisierte und verlinkte Onlineversion dieser Informationsquellen-Übersicht findest du auf vagabonding.net unter dem Link »Resources«.

WELTENBUMMLER-STIMMEN

Der folgende Spartrick ist richtig cool: Ich verzichte auf den einen oder anderen Luxus zu Hause und stelle mir stattdessen ein Erlebnis vor, das ich nur auf Reisen haben kann. Statt in ein Restaurant zu gehen, um ein Steak zu essen, führe ich mir das Sushi vor Augen, das ich in Osaka essen könnte. Statt mir noch eine Gitarre zu kaufen, male ich mir einen Tauchgang in einem Korallenriff auf den Philippinen aus. Die Fantasie ist ein starkes Hilfsmittel. Ich nutze sie, um mich an all den Möglichkeiten zu laben, die auf Reisen auf mich warten – und mein Portemonnaie bleibt schön in der Tasche.

DEREK ORTH, 28,
SYNCHRONSPRECHER, FLORIDA

Wir hatten richtig Spaß dabei, uns von dem ganzen *Krempel* zu befreien, den wir in fünfzehn Jahren als Hausbesitzer und Eltern aufgehäuft hatten. Materielle Besitztümer zu verkaufen, zu verschenken oder zu entsorgen, wirkt befreiend. Man konzentriert sich auf das wirklich Wichtige. Hinweis: Kram gehört nicht dazu. Wir fassten den Vorsatz, keine neuen Dinge mehr zu kaufen, und dachten lange und gründlich darüber nach, wofür wir unser Geld ausgeben wollen.

NOAH VAN LOEN, 45, *BERATER, SEATTLE*

Die Abschaffung des Autos wurde zur Grundlage unseres neuen einfachen Lebens. In einer Stadt, die für Opulenz und Egoismus bekannt ist, war das ein radikaler Schritt. Auf die halb wehmütigen, halb schuldbewussten Reaktionen unserer Nachbarn und Freunde waren wir allerdings nicht vorbereitet. »Wir wünschten, wir könnten das auch«, meinten sie, worauf eine lange Liste von Ausreden folgte: zu viele Aktivitäten, die Unzuverlässigkeit der öffentlichen Verkehrsmittel, zu weit entfernte Einkaufsmöglichkeiten. Was uns betrifft, so lernen wir unser Viertel immer besser kennen, auf eine intime Art, die nur möglich ist, wenn man täglich die Straßen entlangläuft, in jeder Stimmung und bei jedem Wetter. Das Geld, das wir jeden Monat sparen, kommt unserer »Zukunftskasse« zugute; damit können wir bald Viertel in weit entfernten Orten erkunden.

MEG SCOFIELD, 44,
REGIERUNGSANGESTELLTE,
WASHINGTON, D.C.

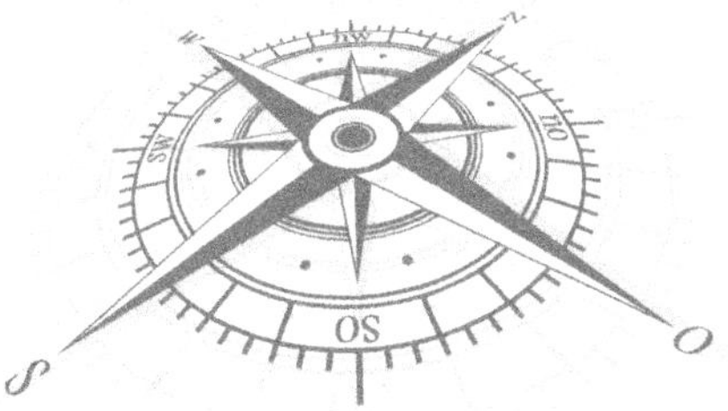

WELTENBUMMLER-STECKBRIEF

HENRY DAVID THOREAU

Meine größte Fähigkeit war, wenig zu brauchen.

HENRY DAVID THOREAU, WALDEN

Obwohl Henry David Thoreau nie besonders weit über Neuengland hinauskam, propagierte er eine unübliche Ansicht über Reichtum, die für Weltenbummler maßgeblich ist. Da er alle materiellen Besitztümer außer den grundlegenden Dingen als Hindernis für ein wahres Leben betrachtete, verfocht er den Gedanken, Reichtum fände man nicht in dem, was man besitzt, sondern in der Art und Weise, in der man seine Zeit verbringt. »Ein Mensch ist umso reicher«, schrieb er in *Walden*, »je mehr Dinge er links liegen lassen kann.«

1817 in Concord, Massachusetts, geboren, absolvierte Thoreau in Harvard eine Ausbildung als Ingenieur, obwohl er sich nie auf eine bestimmte berufliche Laufbahn festlegen konnte. Zu unterschiedlichen Zeiten bezeichnete er sich selbst als Schullehrer, Gutachter, Farmer, Anstreicher, Bleistiftproduzent, Schriftsteller oder »gelegentlicher Verseschmied«. Als Schriftsteller bleibt er der Nachwelt in Erinnerung – vor allem für sein Buch *Walden*, einem spannenden Bericht über sein einjähriges Experiment, ein nicht materialistisches Leben zu führen.

Am Walden-See gestaltete Thoreau sein Leben so, dass er pro Jahr nur sechs Wochen arbeiten musste: Er aß Gemüse aus seinem Garten und Fische aus dem See und lebte in einer »ganz kleinen, hellen und sauberen Hütte«, die er selbst gebaut hatte. Er vermied unnötige Kosten wie Ausgaben für Fleisch, modische Kleidung und Kaffee. So blieb ihm reichlich Zeit, sich dem zu widmen, was er am meisten liebte: Lesen, Schreiben, Spazieren, Nachdenken und der Beobachtung der Natur.

Durch Einfachheit war Thoreau in der Lage, wahren Reichtum zu finden. »Überflüssiger Reichtum kann nur Überflüssiges kaufen«, schrieb er. »Es bedarf des Geldes nicht, um das zu erwerben, was der Seele nottut.«

Alte Reisebücher oder Romane zu lesen, die an fernen Orten spielen, an Globen zu drehen, Landkarten auseinanderzufalten, Weltmusik abzuspielen, in Restaurants mit ausländischer Küche zu essen, sich mit Freunden in Cafés zu treffen … all diese Dinge sind Teil einer nie endenden Reisetätigkeit, die dem Tonleitern-Klimpern auf einem Piano, dem Freiwürfe-Ausführen oder dem Nachdenken durchaus vergleichbar sind.

PHIL COUSINEAU,
THE ART OF PILGRIMAGE

KAPITEL 4

LERNE UND HÖR DAMIT NIEMALS AUF

Eine der besten Reiseparabeln, die die Weltgeschichte je hervorgebracht hat, handelt von einem gewissen Christoph Kolumbus, der 1492 die Segel setzte, wie wir alle schon in der Grundschule gelernt haben. Dass der legendäre italienische Seefahrer überhaupt auf die Idee kam, den Osten der Erde erreichen zu können, indem er gen Westen fuhr, sagt eine Menge über seinen Wagemut, zeigt aber auch, dass er zuvor seine Hausaufgaben gemacht hatte. Das Studium klassischer geografischer Texte der griechischen und römischen Antike und eines Exemplars von Marco Polos *Reisen* brachte ihn zu der Überzeugung, dass seine Suche nach Asien in Richtung Westen erfolgreich sein könnte.

Nachdem seine ersten Fahrten sich als vielversprechend und gleichzeitig verwirrend erwiesen hatten, kam auf der dritten Expedition endlich Festland in Sicht. Doch statt sich der Unbestimmtheit zu stellen und an Land zu gehen, um zu überprüfen, was er da entdeckt hatte, segelte Kolumbus eiligst zu einem Stützpunkt auf Hispaniola zurück und verfasste einen triumphalen Brief, den er nach Spanien schicken wollte. Anstatt empirische Indizien zusammenzutragen, die bewiesen, dass er China oder Indien erreicht hatte, stürzte er sich erneut auf die griechischen und römischen Geografen, die ihn ursprünglich inspiriert hatten. Absatz für Absatz aus den Schriften der antiken Gelehrten zitierend, zog er überzeugt den Schluss, er habe endlich das ersehnte asiatische Festland gesichtet.

Wie jeder aufgeweckte Achtjährige weiß, lag dieses jedoch noch gut eine Erdhälfte entfernt.

Durch Kolumbus' Beispiel können wir eine Reihe wichtiger Lektionen über das Weltenbummeln lernen. Zunächst macht es deutlich, dass umfangreiche Recherchen vor Antritt der Reise – das Wissen derjenigen zu nutzen, die die Welt vor dir erkundet haben – dich zu großartigen neuen Ufern führen können. Allerdings wirst du nie in der Lage sein, die unerwarteten Wunder des Reisens wirklich zu genießen, wenn du dich zu sehr auf solches Vorwissen stützt und ignorierst, was direkt vor deinen Augen liegt.

Du solltest also einen Mittelweg finden zwischen dem Rückgriff auf Vorkenntnisse, die dich inspiriert haben, und der Einsicht, dass nur das Reisen selbst dich auf neue Welten vorbereiten kann. Der Grund, warum Vagabonding so reizvoll ist, liegt darin, dass es verspricht, dir die Erlebnisse zu bieten, von denen du geträumt hast; der Grund jedoch, warum Vagabonding so *süchtig macht*, liegt in der Tatsache begründet, dass du – erfreulicherweise – nie genau das finden wirst, was du dir erträumt hast. Die aufregendsten Reiseerlebnisse ergeben sich nämlich durch Zufall und die Eigenschaften, die dazu führen, dass du dich in einen Ort verliebst, sind selten die Fakten, die dich ursprünglich dorthin gelockt haben.

Vagabonding ist nicht nur ein Prozess, bei dem du die Welt entdeckst, sondern eine Sichtweise – eine *Haltung*, die dich darauf vorbereitet, Dinge zu finden, nach denen du gar nicht gesucht hattest.

> **Hoffnungsfroh mit ein wenig Information ins Unbekannte reisen, ins Ungefähre: Das ist die Art und Weise, in der die meisten Menschen ihr Leben leben; schon diese Wendung scheint sinnbildlich für die menschliche Existenz zu stehen.**
>
> **PAUL THEROUX, *FRESH AIR FIEND***

Tatsächlich wurden Entdeckungen, die man im Verlaufe des Reisens macht, lange Zeit als die reinste Form von Bildung betrachtet, die ein Mensch erwerben kann. »Die Welt ist ein Buch und diejenigen, die nicht reisen, lesen davon nur eine Seite«, so ein dem heilige Augustinus zugeschriebenes Sprichwort. Beim Weltenbummeln geht es darum, sich in die üppig wuchernden Erzählungen zu vertiefen, die uns die Erde bietet, und je mehr man davon »liest«, desto bessere Voraussetzungen erwirbt man für die Fortsetzung der Lektüre. Doch auch wenn du schon im ersten Absatz stecken bleibst, ist es wichtig, auf die folgenden Seiten vorbereitet zu sein. Am Ende wirst du nicht viel aus deinen Reisen lernen, wenn du dir deinen Weg durch die Welt nur flüchtig und aufs Geratewohl bahnst.

Wie intensiv die Vorbereitung aufs Weltenbummeln sein sollte, ist unter Globetrottern ein viel diskutiertes Thema. Viele erfahrene Weltenbummler meinen, dass eine weniger gründliche Vorbereitung langfristig besser sei. Der Naturalist John Muir sagte immer, die beste Art, sich auf eine Reise vorzubereiten, sei, »sich ein wenig Tee und Brot in einen alten Sack zu stecken und über den Zaun hinter dem Haus zu springen«. Eine derart kühne Spontaneität verleihe dem Trip nicht nur einen Hauch von Abenteuer, sie mildere auch Befangenheit und Vorurteile ab, die die kommenden Erlebnisse beeinträchtigen könnten.

Man sollte allerdings nicht vergessen, dass erfahrene Weltenbummler bereits über das Selbstvertrauen, die Überzeugung und das Wissen verfügen, die eine solche spontane Reise zu einem erfolgreichen Unternehmen machen. Sie wissen, wie einfach unterwegs die Grundbedürfnisse erfüllt werden können, und so können sie mithilfe ihrer Leidenschaft, ihrem Instinkt und ein paar Informationen über die Region gleich nach der Ankunft am Zielort komplett in das Reiseerlebnis eintauchen.

Ich respektiere zwar eine spontane Vorgehensweise, ziehe aber persönlich die Begeisterung vor, die während der sorgfältigen heimischen Vorbereitung auf die bevorstehende Reise langsam ansteigt. Wie Phil Cousineau in *The Art of Pilgrimage* anführt, glaube ich, dass »Vorbereitung die Gelegenheit zu Spontaneität und Zufallsentdeckungen genauso wenig vereitelt wie Disziplin die Möglichkeit zu echter Selbstentfaltung im Sport, bei der Schauspielerei oder einer Teezeremonie zunichtemacht«.

Für den Vagabonding-Anfänger ist Vorbereitung natürlich eine absolute Notwendigkeit – und sei es nur, um sich mit den wesentlichen Alltagsdingen auf Reisen vertraut zu machen, in Erfahrung zu bringen, welche Wunder und Herausforderungen auf einen warten, und um die Ängste zu besänftigen, die unvermeidlich jedes lebensverändernde neue Unterfangen begleiten. Entscheidend ist es dabei, einen Mittelweg zu finden zwischen Informiertheit darüber, was da draußen auf einen wartet, und der Wahrung einer gewissen optimistischen Ignoranz. Das Gute am Informationszeitalter ist, dass du dich über deine *Möglichkeiten* informieren kannst, aber wer seine Reisen mit der Vorstellung plant, alles Ungewisse und Unvorhersehbare ausschalten zu können, hat den eigentlichen Sinn des Reisens nicht verstanden.

> **Es ist fatal, schon zu Beginn zu viel zu wissen: Der Reisende, der seine Route bereits kennt, langweilt sich genauso schnell wie ein Romanautor, der von vornherein genau weiß, wie sich seine Erzählung entwickeln wird.**
>
> PAUL THEROUX, *TO THE ENDS OF THE EARTH*

Ziel der Vorbereitung ist also, zwar nicht genau zu wissen, wo du hinreist, aber doch überzeugt davon zu sein, dass du dort ankommen wirst. Deine Einstellung ist also wichtiger als deine Reiseroute und die Bereitschaft zum Improvisieren auf lange Sicht entscheidender ist als die Recherche.

In der Tat kann dein erster Tag unterwegs – an dem das Reisen nun unmittelbar erfahrbar und Wirklichkeit wird – durchaus jede Vorstellung auf den Kopf stellen, die du dir in einer Bibliothek angelesen hast.

Oder wie John Steinbeck in *Die Reise mit Charley* schrieb: »Ist eine Reise erst einmal durchgeplant, die Ausrüstung zusammengestellt und angetreten, kommt ein neuer Faktor hinzu und übernimmt das Kommando. Eine Reise, eine Safari, eine Entdeckungsfahrt, ist eine Einheit für sich … nicht einmal zwei gleichen sich. Und alle Pläne, Vorsichtsmaßnahmen, Kontrollen und Zwänge sind vergebens. Nach Jahren inneren Kampfes stellen wir fest, dass nicht wir eine Reise unternehmen, die Reise unternimmt etwas mit uns.«

Unabhängig davon, wie viel Zeit du dir für die Reiseplanung nimmst, ist es sehr wahrscheinlich, dass deine wahren Vorbereitungen schon lange vorher begannen – dann nämlich, als dir zum ersten Mal klar wurde, dass es da draußen eine Welt zum Erkunden gibt. Im Laufe eines Lebens schüren verschiedenste Quellen der Inspiration – Romane, Lehrer, Hobbys – den Drang zum Weltenbummeln. Bist du erst einmal fest entschlossen, dich auf den Weg zu machen, nimmt der Prozess der Vorbereitung natürlich konkretere und intensivere Formen an.

Die ersten Quellen, die viele Leute zurate ziehen, wenn sie eine Reise planen, sind die traditionellen Medien, denn schließlich bieten diese eine breite Vielfalt an Informationsmöglichkeiten. Allerdings sollte man vielen dieser Informationen mit einer gesunden Portion Skepsis begegnen. Das hat damit zu tun, dass zahlreiche Veröffentlichungen (vor allem in Fernsehen, Zeitschriften und dem Internet) mehr vom Konkurrenzkampf um die Aufmerksamkeit des Publikums geprägt sind, als dass sie ein ausgewogenes Bild der Welt böten. Menschen und Orte werden verdinglicht – und damit *irreal* gemacht –, denn die Nachrichtenmedien interessieren sich vorwiegend für Kriege, Katastrophen, Wahlen, Promis und Sportereignisse.

Schlimmer noch: Was in den Mainstream-Medien unter »Reiseberichterstattung« läuft, dreht sich vor allem um Showeinlagen, Medienereignisse und Kommerz: reiche Männer, die mit dem Ballon um die Welt fliegen, Science-Fiction-Fans, die Hunderte von Meilen fahren, um die neueste *Star Wars*-Premiere zu erleben, oder angebliche Insidertipps für günstige Flugreisen. Individuelle Langzeit-Reiseerlebnisse finden selten Erwähnung, es sei denn, sie eignen sich für Moralpredigten oder (in der Regel in Bezug auf Jugendliche) irgendwie alarmierende Berichte. So hat insbesondere die Zeitschrift *Time* die ärgerliche Gewohnheit, junge Rucksackreisende als drogenbenebelte Dummköpfe darzustellen.

Man sollte bei Nachrichtensendungen über andere Länder immer daran denken, welches Bild von Amerika durchschnittliche Hollywood-Filme ins Ausland vermitteln. So wie das amerikanische Alltagsleben nicht von Autojagden, Schießereien und vollbusigen Frauen geprägt ist, ist auch das Leben im Ausland nicht von finsteren oder melodramatischen Stereotypen bevölkert. Vielmehr leben überall zahllose Menschen, deren Werte sich kaum von deinen eigenen unterscheiden. Bevor ich zum Beispiel zum ersten Mal in den Nahen Osten reiste, ging ich, basierend auf den Bildern in den Medien, davon aus, dass Syrien ein »Schurkenstaat« sei. Als ich im Jahre 2000 dann doch den Mut fasste, Syrien zu besuchen, wurde dieses Stereotyp allerdings von der schlichten Herzlichkeit und Überschwänglichkeit der Araber, Kurden und Armenier, die dort lebten, erschüttert. Falls Polizeispitzel tatsächlich jedem meiner Schritte folgten, bekamen sie nur eine beeindruckende Folge von Essenseinladungen, spontanen Stadtführungen und Backgammonspielen in Teestuben zu sehen.

Um also die richtige Perspektive und Inspiration für deine Reisen zu erlangen, solltest du reißerische Nachrichten ignorieren und dich nach maßgeblicheren Informationsquellen umsehen. Glücklicherweise bieten sich viele Möglichkeiten: literarische Reiseerzählungen, Fachzeitschriften, die sich allen Varianten des Reisens widmen, englischsprachige ausländische Zeitungen und Zeitschriften, Romane, die in entfernten Ländern spielen, akademische und historische Studien anderer Kulturen, Fremdsprachen-Wörterbücher und Sprachführer, Karten und Atlanten, wissenschaftliche und kulturelle Videos und Fernsehprogramme, Almanache, Enzyklopädien, Reisereportagen und Reiseführer.

> **Das ist der Charme einer Landkarte. Sie repräsentiert die andere Seite des Horizonts, an dem alles möglich ist.**
>
> **ROSITA FORBES, *FROM RED SEA TO BLUE NILE***

Am Ende dieses Kapitels habe ich unterschiedliche Quellen dieser Art aufgeführt, aber ich möchte zunächst noch ein paar Bemerkungen zu Reiseführern machen, denn sie sind besonders wichtig. Reiseführer sollten natürlich nie deine einzige Informationsquelle sein, aber sie verdienen eine besondere Erwähnung, denn sie sind vermutlich das einzige Nachschlagewerk, das du unterwegs dabeihaben wirst. Sie enthalten jene Art von sachdienlicher, spezialisierter Information, die selbst dem schüchternsten Stubenhocker helfen kann, sich mit Wissen und Mut auf das Weltenbummeln einzulassen. Trotzdem solltest du dir auch die Beschränkungen eines Reiseführers vor Augen führen, bevor du deine Reise zu sehr nach ihm ausrichtest.

Allzu oft verlassen sich Reisende viel zu ehrfürchtig auf die Ratschläge und Informationen von Reiseführern. Auch wenn Reiseführer für Individualreisen gerade im Trend liegen, ist dies gewiss kein neues Phänomen. Als Mark Twain im 19. Jahrhundert das Heilige Land besuchte, ließ er seinem Ärger über die Reiseführer-Fundamentalisten in seiner Reisegruppe häufig freien Lauf: »Ich kann fast wortwörtlich zitieren, was sie sagen werden, wenn sie Tabor, Nazareth, Jericho und Jerusalem sehen«, schrieb Twain in *Die Arglosen im Ausland*, »weil ich die Bücher besitze, aus denen sie ihre Gedanken klauen werden. Deren Autoren beschreiben Szenerien und formulieren Schwärmereien und unbedeutendere Leute richten sich danach und sehen alles mit den Augen des Autors statt mit ihren eigenen und sprechen mit seiner Zunge … Wenn sie nach Hause kommen, erzählen die Pilger nicht so von Palästina, wie es auf sie wirkte, sondern so, wie es in den Reiseführern präsentiert wurde – den Glaubensüberzeugungen des einzelnen Pilgers entsprechend, variieren dabei die Töne.«

Weil ein Reisehandbuch deine eigenen Eindrücke derart beeinflussen kann, ist es zwar hilfreich, wenn du es bei deinen Abenteuern als praktischen Ratgeber nutzt, es sollte jedoch nicht als heilige Schrift betrachtet werden. Selbst professionelle Reisebuchautoren empfehlen ihren Lesern, sich eine gesunde Unabhängigkeit von ihren Ratschlägen zu bewahren. »Es gibt keinen Grund, mit einem Band von Lonely Planet wie mit einer Bibel umzugehen«, erklärte mir der Reisebuch-Verleger Tony Wheeler einmal in einem Interview. »Nur weil wir dieses oder jenes Hotel oder Restaurant nicht auflisten, bedeutet dies nicht, dass sie nicht gut sind. Manche Leute schreiben uns sogar, dass sie unsere Bücher nur zurate ziehen, um zu sehen, wohin sie *nicht* gehen sollten. Sie wollen nicht dorthin, wo alle hingehen; entsprechend quartieren sie sich in Hotels ein, die von Lonely Planet *nicht* erwähnt werden. Ich finde das großartig, denn damit ermutigen wir Reisende, unterschiedliche Wege zu gehen.«

Grundsätzlich bieten gute Reiseführer nützliche, knappe Informationen zu einer bestimmten Region: historische und kulturelle Hintergründe, Hinweise auf örtliche Besonderheiten im Hinblick auf Sprache und Sitten, Daten zu Klima und Umwelt, Ratschläge zur Beschaffung von Visas und zum Geldumtausch, Tipps, wie man auf seine Gesundheit und Sicherheit achten kann, Anleitungen für örtliche Transportmöglichkeiten und Empfehlungen zu Unterkünften, Essen und Unterhaltung. Da es gelegentlich Besitzerwechsel gibt und sich Preise ständig ändern, sind Empfehlungen von Hotels und Restaurants in der Regel die am wenigsten verlässlichen Informationen, egal in welchem Reisehandbuch. In Vietnam zum Beispiel stellte ich fest, dass die von Lonely Planet empfohlenen Hotels und Restaurants allesamt den schlechtesten Kundenservice boten, denn die Nennung in solchen Reiseführern garantierte ihnen einen beständigen Zustrom von Reisenden aus dem Westen. Meine Initiative, in Vietnam komfortable Betten und wohlschmeckende Speisen auf eigene Faust ausfindig zu machen, erwies sich, nachdem ich erst einmal ein paar Erfahrungen gesammelt und gelernt

> **Ein guter Reisender richtet sich nicht nach einem festen Plan und hat bei seiner Ankunft keine Vorsätze.**
>
> LAOZI, *DAS BUCH VOM SINN UND LEBEN*

hatte, worauf ich achten sollte, erfreulicherweise als leichte und vergnügliche Übung.

Bei der Auswahl eines Reiseführers für dein jeweiliges Reiseziel sollest du vor dem Kauf Vergleiche anstellen, um das beste und deinen Bedürfnissen entsprechende Buch zu finden, denn die Qualität von Reiseratgebern schwankt manchmal von Land zu Land. So mag ein erfahrener Weltenbummler, der für Honduras auf einen Reise-Know-how-Führer zurückgreift, für Äthiopien durchaus einen Iwanowski bevorzugen, für Thailand ein Reisehandbuch von DuMont und einen Reiseführer von Lonely Planet für seine Südamerika-Rundreise. Man sollte sich vorab nach den besten Reiseführern für die Zielregion erkundigen, dabei aber ein möglichst breites Spektrum an Ansichten einholen, denn bei der Bewertung von Reiseführern gehen die Meinungen manchmal weit auseinander.

Da sowohl neue als auch gebrauchte Reiseführer auf den meisten Reiserouten leicht aufzutreiben sind (und man sich zudem E-Book-Versionen herunterladen kann), empfehle ich, nur einen Ratgeber mitzunehmen, egal, wie viele Regionen du bereisen willst. Bücher unterwegs zu kaufen, zu verkaufen und zu tauschen, ist einfach und dein Gepäck wird dadurch leichter. Manche Weltenbummler gehen, um Gewicht einzusparen, sogar so weit, die Kapitel, die sie nicht gebrauchen können, aus ihren Büchern herauszutrennen.

Eine tolle Alternative zum Reiseführer – vor allem für geübte Weltenbummler – sind eine genaue Karte der Region und ein Sprachführer. Möglicherweise wirst du dann ein paar allgemeine Informationen zu deinem Reiseziel vermissen, doch die ungewöhnlichen Orte und die auf die

Begegnungen mit Menschen konzentrierten Abenteuer, die du auf diese Weise erlebst, machen das mehr als wett.

Zusätzlich zu den herkömmlichen Medien gibt es zwei nützliche Methoden, Vagabonding-Informationen und -Inspirationen zu sammeln. Die eine, Mundpropaganda, ist die älteste Form zur Informationsbeschaffung überhaupt. Die andere Methode – das Internet – die neueste. Sofern du kritisch prüfend damit umgehst, können beide deine Reisen bereichern.

Persönliche Ratschläge von anderen wirst du unterwegs besonders hilfreich finden. Das ist während der Reise die beste Art, Erfahrungen auszutauschen und Erkundigungen einzuziehen, neue Ideen zu sondieren und dich über aktuelle Preisentwicklungen und Krisenherde zu informieren. Schon bevor du dich auf den Weg machst, ist es nützlich, den Rat von Gleichgesinnten einzuholen, die vor dir an diesen Orten waren. Erfahrene Weltenbummler sind immer glücklich, wenn sie Geschichten von ihren Reisen erzählen können, und sprühen bei der Vorstellung deiner bevorstehenden Abenteuer vor Begeisterung.

Persönliche Empfehlungen von ausländischen Freunden und Bekannten sind ebenfalls viel wert. Stammt dein Nachbar aus Ecuador, frag ihn über sein Heimatland aus; ist deine Arbeitskollegin halbe Bulgarin, lass dir etwas über ihr kulturelles Erbe erzählen; und falls dein Lieblingsrestaurant von Eritreern betrieben wird, frage sie, ob sie irgendwelche Neuigkeiten aus ihrer Heimat gehört haben. All diese Leute werden vermutlich glücklich sein, dir mit Geschichten und Empfehlungen einen Gefallen zu erweisen – und du wirst möglicherweise sogar mit einer Liste von Adressen von Freunden und Verwandten abreisen, die du unbedingt besuchen sollst. Ich hatte unternehmungslustige kanadische Freunde, die zu einem dreimonatigen Trip nach Indien aufbrachen, aber mit so vielen indisch-kanadischen Kontaktadressen bedacht wurden, dass sie diese nicht einmal in drei Jahren hätten abarbeiten können.

Vergiss aber, wenn du von jemandem persönliche Reiseratschläge bekommst, nie, dass jeder Mensch von seinem subjektiven Standpunkt aus spricht. Mach dir also bewusst, dass sich Orte mit der Zeit und den Umständen verändern und dass Sentimentalität und Vorurteile Erinnerungen trüben können. Auch wenn dich jemandes Schilderung eines Ortes im höchsten Maße inspiriert, schadet es nie, dem persönlichen Bericht konkrete Recherchen folgen zu lassen, bevor du dich auf zu exotischen neuen Horizonten machst.

> Wenn der Virus der Ruhelosigkeit beginnt, von einem eigensinnigen Manne Besitz zu ergreifen, und die Straße, die ihn aus seinem Hier wegführt, breit und offen und lockend zu sein scheint, dann muss der Betroffene in sich selbst zuerst einen guten und plausiblen Grund finden, der ihn zum Gehen treibt. Dies dürfte einem erfahrenen Herumtreiber nicht schwerfallen. Er trägt einen Garten voller Gründe in sich, aus denen er nur auszuwählen braucht. Als Nächstes muss er Zeit und Raum seiner Reise planen, eine Richtung bestimmen und ein Ziel.
>
> JOHN STEINBECK, *DIE REISE MIT CHARLEY*

Die dynamischste (und gelegentlich chaotischste) Informationsquelle, die dir zur Verfügung steht, ist das Internet, das man als eine elektronische Synthese von traditionellen Medien und Mundpropaganda betrachten kann. Einerseits ist das Internet im Hinblick auf Aktualität und die Vielfalt an Informationen konkurrenzlos, andererseits sind seine Inhalte oft konfus aufbereitet und widersprüchlich. Weißt du es klug zu nutzen, können dich seine reichhaltigen Informationen wie kein anderes Hilfsmittel inspirieren und dir als Weltenbummler zu Erlebnissen verhelfen. Zudem kann es dich, egal, wo du lebst, augenblicklich mit einer hilfsbereiten Weltenbummler-Community vernetzen.

Eine gute Möglichkeit, die Reise-Informationsquellen im Internet zu ergründen, ist, einfach mal einen Nachmittag lang im Web herumzusurfen. Sucht man im Web nach einer speziellen Information, so findet man diese oft nicht auf Anhieb. Die zahllosen Umwege und Abwege im Cyberspace können jedoch dazu führen, dass du auf eine Menge interessanter Dinge stößt, nach denen du gar nicht gesucht hast. Du brauchst also bei deinen Onlineerkundungen etwas Geduld.

Nach und nach wirst du das breite Angebot an Reiseinformationen entdecken, das online verfügbar ist: Social-Networking- und Meet-up-Sites, literarische oder Freizeitaktivitäten betreffende Reiseblogs, von Amateuren oder Auswanderern verfasste Reiseführer, von traditionellen Reisebuchverlagen betriebene Infoseiten, Onlinereise- und -ticketagenturen, Homepages offizieller nationaler oder regionaler Touristikinformationen, Onlineausgaben englischsprachiger Zeitungen, von Online-»Reise-Gurus« betriebene Blogs und Infoseiten, Reise- und Gesundheitsratschläge von Regierungsstellen, von Non-Profit-Organisationen erstellte Hinweise für »verantwortungsvolles Reisen« und internationale Universitätsdatenbanken, die von Anthropologie über

> **Vor der Entwicklung des Tourismus wurden Reisen als eine Art Studium angesehen, deren Ziel die Zierde des Geistes und die Herausbildung der Urteilskraft war. Der Reisende galt als Student dessen, nach dem er suchte.**
>
> PAUL FUSSELL, *ABROAD*

Wirtschaft bis zu Meeresbiologie praktisch alle Themen abdecken.

Für den Weltenbummler-Neuling sind Reiseblogs besonders inspirierende Informationsquellen. Auch wenn sie nicht immer in makelloser Prosa verfasst sind, helfen diese nicht von Profis verfassten Reisetagebücher doch, das Reisen zu demystifizieren. Zudem sind sie oft in einem ehrlichen, unverfälscht enthusiastischen Stil geschrieben, dessen Lektüre Spaß macht. Da Reiseblogs darüber hinaus von Weltenbummlern aus nahezu jeder Bevölkerungsgruppe geschrieben wurden – von Studenten und Rentnern, Paaren, die sich eine zweijährige Hochzeitsreise gönnen, Eltern, die sich ein Jahr frei genommen haben, um mit ihren kleinen Kindern auf Reisen zu gehen, oder körperlich behinderten Abenteurern –, sind sie der beste Beweis dafür, dass du zum Vagabonding weder jung noch weiß noch ungebunden sein musst.

Onlineforen und Newsgroups, die die Möglichkeit bieten, spezifische Fragen zu stellen, sind für den Weltenbummler eine besonders nützliche Informationsquelle. Verschiedene Newsgroups innerhalb der Domains rec.travel und soc.culture des Usenets eignen sich hervorragend, um nach Informationen über bestimmte Länder zu suchen. Auch viele Reisewebseiten (das von Lonely Planet betriebene *Thorn Tree* ist ein besonders beliebtes Beispiel) haben Foren, in denen alle Arten des Reisens diskutiert werden. Ein paar Tipps zur Benutzung solcher Onlinepinnwände: 1. Schau dir erst einmal alle Themenbereiche an, bevor du deine Frage stellst, denn es kann sein, dass sie schon einmal beantwortet wurde. 2. Lies ein möglichst breites Spektrum an Antworten, denn diese Postings sind in der Regel anonym, subjektiv und weitgehend nicht überprüfbar. 3. Bedenke, dass die Anonymität solcher Foren manche Leute zu übertriebenen negativen Äußerungen verleitet. Bevor ich zum Beispiel Asien bereiste, hatte mich Lonely Planets *Thorn Tree* davon überzeugt, dass der gesamte Kontinent vor puritanischen Reisesnobs nur so wimmele – tatsächlich aber waren die meisten Reisenden, die ich unterwegs kennenlernte, bodenständige und aufgeschlossene Leute.

Ein zusätzlicher Vorteil des Internets ist, dass du es mit auf Reisen nehmen kannst. Aber hier ist eine Warnung angebracht: Verbringe auf Reisen nicht so viel Zeit online, denn nichts schränkt deine Weltenbummler-Flexibilität so sehr ein wie der zwanghafte Drang, mit dem Leben zu Hause in Verbindung zu bleiben. Der sicherste Weg, authentische Erlebnisse an einem fremden Ort zu verpassen, ist, während des Reisens wie besessen seine E-Mails und Social-Media-Nachrichten zu checken.

DIE REISEVORBEREITUNG – FRAGEN & ANTWORTEN

Während deiner Reisevorbereitungen wirst du über all die praktischen Fragen nachdenken, denen sich jeder Weltenbummler stellen muss, bevor er sich auf den Weg macht: über gesundheitliche Aspekte und Impfanforderungen, Sicherheitsprobleme und Reisewarnungen, Pass- und Visaformalitäten, Versicherungen und Benachrichtigungsmöglichkeiten im Notfall sowie über Ernährung, Unterkünfte und Transportmöglichkeiten in entlegenen Reisegegenden. In guten Reiseführern werden die meisten dieser Punkte behandelt – es ist allerdings immer gut, Belange, die sich häufig ändern (wie Visaanforderungen und Reisehinweise), im Internet gegenzuchecken. Einige Quellen zum Thema Reisevorbereitungen habe ich am Ende dieses Kapitels aufgelistet.

Solltest du noch unsicher sein, wie während der langen Tour mit Unerwartetem umzugehen ist, denk daran, dass Achtsamkeit und Anpassungsfähigkeit mehr wert sind als detaillierte Problemlösungsvorschläge. Es ist zum Beispiel schwer vorherzusagen, wann oder ob man Opfer eines Verbrechens wird, aber leicht, gewisse Vorsichtsmaßnahmen (wie Bargeld in einem Geldgürtel aufzubewahren oder seinen Rucksack stets verschlossen zu halten) zur Gewohnheit werden zu lassen, die die Wahrscheinlichkeit verringern, dass dir so etwas widerfährt. Letzten Endes werden die Katastrophenszenarien, die man sich im Planungsstadium zusammenfantasiert, nur selten Realität. Und im Fall des Falles, dass du auf deiner Reise tatsächlich in eine solche Situation gerätst, *bleiben* Achtsamkeit und Anpassungsfähigkeit deine besten Hilfsmittel.

Die meisten Menschen grübeln vor ihrem Weltenbummler-Trip über die folgenden grundlegenden Aspekte nach.

DIE WELT IST SO GROSS. WO SOLL ICH BLOSS HINFAHREN?

Das könnte die schwierigste Frage von allen sein – nicht, weil manche Ziele unbedingt attraktiver als andere sind, sondern weil jedes Ziel auf seine eigene Weise potenziell wunderbar sein kann. Im Grunde bedeutet die Entscheidung, eine bestimmte Reiseregion zu erkunden (zumindest vorerst), auf Dutzende andere fantastische Gegenden zu verzichten. Einen zwingenden Grund zu finden, warum man diesen Ort einem anderen vorziehen sollte, kann einen in den Wahnsinn treiben.

Glücklicherweise braucht man eigentlich gar keinen zwingenden Grund, hier- oder dorthin zu reisen. Eher sollte man sich zu seinem Zielort aufmachen, um zu sehen, was dort geschieht. Klingt verrückt, aber in der Regel funktioniert Weltenbummeln genau nach diesem Prinzip. Kann sein, dass du zum Beispiel wegen der Pyramiden in Ägypten eine Rundreise durch den Nahen Osten startest – und dort dann aus unvorhersehbaren Gründen drei weitere Monate bleibst (wegen der arabischen Dichtung, weil du einen Kurs in Bauchtanz belegst oder dich in der Wüste in einen ungarischen Archäologen verliebst).

Fast jede beliebige Weltgegend kann sich als lohnendes Reiseziel erweisen. Wenn du für dein Geld den größtmöglichen Gegenwert erhalten willst, bieten sich Südostasien, der indische Subkontinent, der Nahe Osten sowie Mittel- und Südamerika für preiswerte, sichere und alterprobte Weltenbummler-Touren an. Afrika und Ozeanien (einschließlich Australien) sind etwas teurer – aber immer noch nicht so kostspielig wie eine durchschnittliche Woche zu Hause. Selbst Nordamerika (wo ich meine erste große Tour absolvierte) kann, vorausgesetzt, man ist unternehmungslustig und sparsam genug, ein großartiges und erschwingliches Ziel für einen Langzeit-Trip sein.

Natürlich brauchen die herkömmlichen Billigreisen-Routen nicht mehr als ein mentaler Bezugspunkt bei der

Planung deiner Reise zu sein; deine tatsächliche Vagabonding-Strategie kann (und sollte) so konventionell oder so esoterisch sein, wie du möchtest. Bleib völlig frei in der Wahl deines Reiseziels und lass dich von allem Möglichen inspirieren, egal, wie abwegig oder albern es sein mag. Der romantische Gedanke, Tango tanzen zu lernen, bringt dich vielleicht auf die Idee, Argentinien zu besuchen. Wenn du als Kind von der Fernsehserie *Im Reich der wilden Tiere* fasziniert warst, inspiriert sie dich möglicherweise dazu, in Botswana auf Safari zu gehen. Oder die Lektüre von Kerouacs *Unterwegs* lässt dich von einem Trip kreuz und quer durch die USA träumen.

Ein Interesse an Tischtennis bringt dich vielleicht nach China, eine Rugby-Leidenschaft nach Neuseeland oder auf die Fidschi-Inseln. Die Legende vom Priesterkönig Johannes lockt dich womöglich nach Äthiopien, eine Leidenschaft für Schmetterlinge nach Costa Rica und das Surfer-Virus nach Australien. Neugier auf die Geschichte deiner Ahnen könnte dich nach Schottland, auf die Philippinen oder nach Ungarn bringen. Vielleicht regt dich ja auch die Tour per Anhalter, die deine Mutter Ende der 1980er-Jahre in Europa machte, dazu an, ihren Spuren zu folgen. Vielleicht fährst du nach Singapur, um zu sehen, inwieweit es dem gleichnamigen Song von Tom Waits entspricht.

Nach Dschibuti reist du möglicherweise nur, weil dich die Erwähnung dieses Landes im Geografieunterricht zum Kichern brachte. Und es ist auch nicht völlig ausgeschlossen, dass die schneeweiße Kuppel des Taj Mahal, die dich schon seit deiner Kindheit fasziniert, der Grund ist, warum du Indien bereist.

Was auch immer die ursprüngliche Motivation war, zu einem bestimmten Ort zu reisen: Denk daran, dass du am Ziel selten das vorfindest, was du erwartet hast – und das ist fast immer eine gute Sache. Während meiner Reise durch Osteuropa fuhr ich nur deshalb nach Lettland, weil es nach einem angenehmen, langweiligen Ort klang, an dem ich in Ruhe ein bisschen lesen und schreiben würde. Wie sich herausstellte, hielten mich die Parks, Kinos und die kitschigen Heavy-Metal-Nachtklubs von Riga (wie auch die allgemeine Freundlichkeit der Letten) für beschwingte drei Wochen dort fest.

Nachdem du dich für eine Vagabonding-Region entschieden hast, solltest du dir nicht zu viel vorab vornehmen. Denn auch wenn du dein Ziel im Vorfeld gründlich studiert und gewisse Erwartungen hast, wirst du nach ein paar Tagen vor Ort noch zwanzig Mal mehr Möglichkeiten entdecken, etwas zu erleben. Arbeite eine Grundroute aus – aber nur, damit du dein Reisebudget einschätzen kannst und grob weißt, was sich dir dort bietet. Plane nicht, ganz Asien in sechs Wochen »abzuhaken«, sondern nimm dir nur eine Region vor: zum Beispiel den Nordosten, den Südosten oder Indien. Das Gleiche gilt für Mittelamerika; dein Reiseerlebnis wird viel intensiver sein, wenn du dich auf ein, zwei Länder einschränkst. Und selbst wenn du zwei Jahre Spielraum hast – fünf Kontinente in eine Weltenbummler-Tour zu packen, führt garantiert zu Ermattung und Überanstrengung. Weltenbummeln hat nichts mit einem Großeinkauf zu tun. Der Wert deiner Reisen bemisst sich nicht nach der Zahl der Stempel, die du nach deiner Rückkehr im Pass hast, und das langsame, differenzierte Erleben eines einzigen Landes ist immer besser als das überhastete, oberflächliche Durchreisen von vierzig Ländern.

Zudem solltest du der Versuchung widerstehen, einzelne Unternehmungen im Voraus zu buchen. So wunderbar die Safari in Uganda im Werbekatalog eines Reisebüros aus Dallas auch klingen mag: Wenn du das Gleiche nach deiner Ankunft in Afrika buchst, wirst du nicht nur deutlich günstiger davonkommen, sondern bist terminlich auch nicht festgelegt. Dasselbe gilt für Flugreisen. Ein »Rund um die Welt«-Ticket mit seinen Vergünstigungen klingt verlockend, im Allgemeinen empfiehlt es sich aber, zunächst nur einen Hinflug zur ersten Station der Tour zu kaufen und die weiterführende Beförderung dann während der Reise zu planen. Das ist (dank wenig glamouröser lokaler Fluggesellschaften wie Biman Bangladesh, Aero Carribean und Wizz Air) nicht nur billiger, es ermöglicht dir auch eine organischere Erfahrung, denn unterwegs bekommst du ein deutlich besseres Gefühl für dein Reisen als vor der Abreise.

Entsprechend unnötig ist es, dass du dir vor Reiseantritt sämtliche Visa der anvisierten Länder besorgst, denn die sind unterwegs einfach zu erhalten (und du schließt, falls du deine Reiseplanung änderst, auch aus, dass sie verfallen oder überflüssig sind). Nimm für diesen Zweck aber gleich ein Dutzend Passfotos mit, um dir den Stress zu ersparen, im Ausland »Fahndungsfotos« machen zu müssen. Natürlich musst du vor der Abreise die Visaanforderungen deines *ersten* Reiseziels prüfen, denn viele beliebte Länder (wie China oder Indien) stellen noch immer keine Visa bei der Ankunft aus.

Als Faustregel gilt: Vorgeplante Abenteuer und spezielle Arrangements – selbst solche, die unter dem Label »Billigreise« angepriesen werden – sind etwas für Leute, die nur ein paar Wochen von zu Hause wegbleiben können. Vagabonding bedeutet, dass du selbst das Tempo bestimmst und deinen eigenen Weg findest. Du kannst sicher sein, dass alles, was du in einer Hochglanzbroschüre in Milwaukee siehst, auch (und zwar zehnmal billiger) verfügbar sein wird, wenn du als Individualreisender an deinem Ziel ankommst.

SOLL ICH ALLEIN ODER IN BEGLEITUNG REISEN?

Auf diese Frage gibt es keine allgemeingültige Antwort, denn das ist letztendlich eine Sache persönlicher Vorliebe. Ich habe beide Varianten ausprobiert und fand auch an beiden Vergnügen. Während meines ersten Weltenbummler-Trips (acht Monate durch Nordamerika) mit Freunden haben ich Herausforderungen wie Triumphe mit ihnen gemeinsam erlebt und da wir die Kosten untereinander aufteilten, sparte ich auch Geld. Die Gruppendynamik machte es mir zudem leichter, meine Ängste zu überwinden und mich aufs Unterwegssein zu konzentrieren. All meine folgenden Vagabonding-Reisen habe ich allerdings allein unternommen – und dabei festgestellt, dass ich dadurch vorzüglich in die mich umgebende Welt eintauchen konnte. Ohne einen Partner bin ich völlig unabhängig, was mich zu Begegnungen mit Menschen anregt und zu Erlebnissen führt, nach denen ich normalerweise nicht gesucht hätte. Dazu kommt, dass Alleinsein kein striktes Prinzip sein muss: Wenn ich Lust auf Gesellschaft habe, ist es immer einfach, sich unterwegs für ein paar Tage oder Wochen anderen Reisenden anzuschließen.

Solltest du dich lieber von Anfang an mit einem Partner auf den Weg machen wollen, suche dir deine Begleitung unbedingt sorgfältig aus. Vergewissere dich, dass ihr gemeinsame Ziele und Vorstellungen über die Art und Weise habt, wie ihr reisen wollt. Wenn deine Vorstellung von einem konstruktiven Nachmittag in Kambodscha zum Beispiel darin besteht, im Dschungel Pflanzen zu bestimmen, solltest du dir wohl besser keinen Partner suchen, der lieber mit einem halben Dutzend Prostituierten in einer schäbigen Bar hockt. Wenn möglich, unternimm mit deinem Partner ein paar kurze Touren, bevor ihr euch gemeinsam als Weltenbummler auf den Weg macht. Es ist verblüffend, was man in wenigen Tagen über die Kompatibilität von Reisegenossen herausfinden kann. Meide zwanghafte Jammerlappen, chronische Pessimisten, hirnlose Sentimentale und selbstverliebte Hipster, denn diese Sorte von Leuten (von denen überraschend viele unterwegs sind) können eine Reise zu einer grotesken Veranstaltung machen. Such dir stattdessen einen Partner, der Realitätssinn und Offenheit ausstrahlt (siehe Kapitel 8), denn dies sind die Tugenden, die du auch selbst kultivieren willst.

Egal, wie kompatibel du in der Regel mit deinem Reisepartner bist: Selbst wenn es sich um Lebensgefährten, Geschwister oder Ehepartner handelt, müsst ihr nicht jede Sekunde zusammen verbringen. Perfekte Harmonie unterwegs ist ein Wunschtraum, lass deinem Partner also immer Raum zum Atmen, auch wenn das bedeutet, dass man mal freundschaftlich für ein paar Wochen getrennte Wege geht. Du solltest, sowohl mental als auch in praktischer

Hinsicht, zu jedem Zeitpunkt in der Lage sein, alleine weiterzumachen – auch wenn du nicht damit rechnest.

WAS PACKE ICH EIN?

So wenig wie möglich, Punkt. Ich kann nicht deutlich genug hervorheben, wie wichtig es ist, mit leichtem Gepäck zu reisen. Einen Riesenpacken Kram von Ort zu Ort mitzuschleppen, ist die sicherste Methode, deine Flexibilität einzuengen und das Reisen in ein irres Ächzen und Stöhnen zu verwandeln.

Leider kann dich dein Leben zu Hause nicht darauf vorbereiten, wie wenig du unterwegs brauchst. Selbst Leute, die meinen, beim Packen nur das Lebensnotwendige zusammengestellt zu haben, sehen in der Regel nach zwei Wochen unterwegs zu, dass sie drei Viertel ihres Zeugs loswerden. Bevor es darum geht zu entscheiden, was du mitnimmt, kannst du dir einen großen Gefallen tun: Kauf dir eine möglichst kleine Reisetasche.

Diese kleine Tasche wird dir natürlich nur das Minimum an Gepäck erlauben: einen Reiseführer, ein paar Sandalen, Standardhygieneartikel, ein paar wichtige Arzneien (auch Sonnencreme), Wegwerf-Ohrstöpsel (für Orte mit unvermeidlichem Lärm) und ein paar Mitbringsel für deine künftigen Gastgeber und Freunde. Dazu eine Auswahl an praktischer, funktioneller Kleidung zum Wechseln und eine etwas schickere Kombination für Grenzkontrollen und gesellschaftliche Anlässe. Pack noch eine kleine Taschenlampe dazu, eine ordentliche Sonnenbrille, einen kleinen Rucksack (für Kleinkram, wenn du tagsüber dein Hotel oder Gästehaus verlässt) und eine billige Kamera.

Und dann – während du an dir runterschaust, um sicherzugehen, dass du ein Paar robuste Stiefel oder Wanderschuhe trägst – machst du deine Reisetasche zu und schließt sie mit einem kleinen, stabilen Vorhängeschloss ab.

Vielleicht kommt dir diese Reiseausrüstung erschreckend spärlich vor, aber bedenke, dass du in eine Welt voller Menschen fährst, die sehr ähnliche Alltagsbedürfnisse haben wie du. Wo immer du auch hinreist: Du wirst überall Toilettenartikel, Kleidung, Stifte, Notizbücher, Papiertaschentücher, Handtücher, Wasserflaschen und Snacks finden – auch wenn die Markennamen nicht alle vertraut klingen. An jedem Ort, an dem es häufig regnet, gibt es billige Schirme zu kaufen; in Gegenden mit vielen Insekten sind Moskitonetze leicht aufzutreiben; warme Kleidung (manchmal mit charmantem ethnischen Design) wird mit Sicherheit an jedem Ort verkauft, an dem es kalt werden kann. Und das Einkaufen kann zu einem Abenteuer der ganz eigenen Art werden. Was Bücher und Karten betrifft, so sind die (auch in englischen Ausgaben) an deinem Zielort oft sogar leichter zu finden als zu Hause.

Campingausrüstung solltest du nur dann mitnehmen, wenn du sicher bist, dass du sie *häufig nutzen* wirst. Nimm zum Weltenbummeln weder ein Zelt noch einen Schlafsack oder eine Kochausrüstung mit, es sei denn, du hast geplant, einen Großteil deines Trips in der freien Natur zu verbringen (oder Camping für dich die einzige erschwingliche Möglichkeit ist, dein Reiseziel zu erleben). Solltest du den Drang verspüren, von Zeit zu Zeit im Freien zu übernachten, tun es auch vor Ort gekaufte Hängematten oder preiswerte Decken. Selbst in rauen Gegenden wie den Anden oder dem Himalaya ist es in der Regel einfacher, eine gute Ausrüstung (und Führer) zu mieten, als sich mit einer eigenen Trekkingausrüstung abzuschleppen. Wertvolle Dinge wie Juwelen oder elektronische Geräte sollte man grundsätzlich zu Hause lassen.

WIE VERWALTE ICH MEIN GELD?

Vor ein paar Jahren prophezeite ein befreundeter Weltenbummler, dass »jedes Land mit befestigten Landebahnen auf den wichtigen Flughäfen« in den großen städtischen Zentren bald schon mit Geldautomaten ausgerüstet sein würde. Ich weiß nicht, ob sich diese Entwicklung bereits überall auf der Welt vollzogen hat, doch die zunehmende Verfügbarkeit von Geldautomaten hat das Verwalten der Finanzen auf Reisen deutlich einfacher gemacht. Geldautomaten im Ausland bieten nicht nur konkurrenzfähige Wechselkurse, sie ersparen dir auch die Mühe, deinen gesamten Reiseetat auf einmal mitzuführen. Außerhalb von industrialisierten Ländern sind Geldautomaten zwar weniger verbreitet, aber immerhin in den größeren Orten entlang der Route zu finden. Dort kannst du dich dann für entlegenere Gegenden mit Bargeld in der örtlichen Währung eindecken. Vor der Abreise solltest du natürlich mit deiner Bank abklären, ob deine Geldkarte im Ausland verwendbar ist.

Was die Reisekosten insgesamt angeht, solltest du vorab keine zu detaillierte Ausgabenplanung machen, denn sobald du unterwegs bist, bekommst du ein viel besseres Gefühl dafür, was das Leben auf Reisen dich kostet. Kalkuliere auf jeden Fall sicherheitshalber lieber konservativ und vergiss nicht, auch Visakosten, Flughafengebühren, Andenken und die gelegentliche »Luxus«-Ausgabe (mal ein schönes Hotel, ein richtig gutes Abendessen, ein Tauchkurs oder Ähnliches) einzurechnen. Wenn du zum Beispiel meinst, dass dein Geld gerade so für sechs Monate reicht, plane deine Reise nur für vier Monate. Wenn du dann nach vier Monaten noch genügend Reserven hast, betrachte die beiden (oder mehr) zusätzlichen Monate als einen Bonus. Grundsätzlich ist es ratsam, die Reise nicht bis zum letzten Cent fortzusetzen, auch wenn du vorhast, unterwegs von Zeit zu Zeit zu arbeiten. Leg ein paar Hundert Euro als Notgroschen beiseite – und widersteh dem Verlangen, dieses Geld in einem Teppichbasar oder auf Full Moon Partys auszugeben.

Bevor du deine Reise antrittst, solltest du alle Rechnungen im Voraus bezahlen und sämtliche Schulden begleichen, damit du dir unterwegs um diese Dinge keine Gedanken machen musst. Bitte einen vertrauenswürdigen Freund oder Verwandten, sich um deine Post und eventuell noch anfallende finanzielle Dinge zu kümmern, und sorge dafür, dass diese Person eine Kopie von deinem Pass oder Personalausweis hat. Mach dem Betreffenden die Sache so leicht wie möglich (schließlich tut er oder sie dir einen großen Gefallen) und trefft klare Absprachen, was in einem Notfall zu tun ist. Natürlich solltest du auch daran denken, diesen Menschen nach deiner Rückkehr großzügig mit einem exotischen Geschenk zu belohnen.

DER SCHRITT VOM GEWOHNTEN ALLTAG ZUM LEBEN ALS WELTENBUMMLER KOMMT MIR SEHR GROSS VOR. WIE GEHE ICH DAMIT UM?

Unterschätze nie deine Fähigkeit, schnell zu lernen und dich anzupassen – und verschwende deine Zeit nicht damit, dir über alles Mögliche, was unterwegs passieren könnte, den Kopf zu zerbrechen. Ein bisschen Wagemut ist viel mehr wert als eine detaillierte Planung und eine selbstbewusste, positive Haltung, gepaart mit der Bereitschaft zu lernen, gleicht jedes Know-how aus, das dir anfangs womöglich fehlt. Mit einer solchen Einstellung stellen die meisten Leute nach den ersten paar Tagen auf Reisen fest, dass sie vor Selbstvertrauen geradezu übersprudeln – und könnten sich in den Hintern treten, dass sie nicht schon viel früher aufgebrochen sind.

EMPFEHLUNGEN

ONLINEPORTALE FÜR REISERECHERCHEN

BootsnAll.com (www.bootsnall.com)
Eine empfehlenswerte Quelle für die Planung und Recherche deiner Reisen.

Go Nomad (www.gonomad.com)
Ein umfassendes Onlineinformationscenter, das Individual- und Alternativreisende mit Informationen und Anregungen für die Planung ihrer Reisen ins Ausland versorgt.

Virtual Tourist (www.virtualtourist.com)
Eine weltweite Reisegemeinschaft, innerhalb der Reisende und Ortsansässige Ratschläge und Erfahrungen austauschen.

Travellerspoint Travel Community (www.travellerspoint.com)
Ein internationaler Treffpunkt für Reisende weltweit, hilfreich für die Reiseplanung und zum Knüpfen von Reisefreundschaften (oder um mit Reisefreunden in Kontakt zu bleiben).

Matador Travel (matadornetwork.com)
Eine weltweite Onlinecommunity von Reisenden, Autoren, Fotografen, Abenteurern und Basisorganisationen.

World Travel Guide (www.worldtravelguide.net)
Grundlegende Reiseinformationen zu weltweiten Zielen, inklusive Ratgebern zu Städten und Ländern.

Wikitravel (wikitravel.org)
Ein *quelloffener Reiseratgeber, auf dessen Seiten aktuelle Informationen zu Sehenswürdigkeiten, Hotels, Restaurants etc. veröffentlicht werden.*

Travelbook (www.travelbook.de)
Onlinereiseführer, aktuelle Reiseartikel, Bewertungen zu Reisezielen, Hotels und Restaurants.

Urlaubsguru (www.urlaubsguru.de/reisemagazin)
Artikel und Inspirationen rund um das Thema Reisen. Erfahrungsberichte und Insidertipps über die ganze Welt.

VERBRAUCHERINFORMATIONEN

TripAdvisor.com (www.tripadvisor.com)
Eine kostenlose Reiseführer- und Recherche-Website, die Kunden hilft, Reiseinformationen zu sammeln, auf der Meinungsbeiträge gepostet und interaktive Reiseforen eingestellt werden.

Yelp (www.yelp.com)
Lokale Informationen über Aktivitäten und Dienstleistungen.

SOZIALE NETZWERKE UND BLOGS

Meetup.com (www.meetup.com)
Hilft Leuten, weltweit gleichgesinnte Freunde zu finden.

WAYN (www.2.wayn.com)
Ein soziales Netzwerk zu den Themen Lifestyle und Reisen, das Gleichgesinnte zu Aktivitäten an Orten auf der ganzen Welt zusammenbringt.

TravelBlog.org (www.travelblog.org)
Eine Sammlung von Reisemagazinen, Tagebüchern und Fotos zu allen Ecken und Enden des Planeten.

Join my trip (www.joinmytrip.de)
Portal zur Reisepartner-Suche.

UNTERKÜNFTE

Airbnb (www.airbnb.de)
Community-Marktplatz, auf dem Menschen Unterkünfte auf der ganzen Welt inserieren und buchen können. So kann man statt im Hotel privat bei Einheimischen übernachten.

CouchSurfing (www.couchsurfing.com)
Ein internationales Non-Profit-Netzwerk, das Reisende mit Einheimischen in mehr als 230 Ländern und Regionen auf der ganzen Welt zusammenbringt.

Friendship Force (www.friendshipforce.org)
Friendship Force International bietet Reisenden die Gelegenheit, neue Länder und Kulturen von innen heraus zu erkunden, indem sie Menschen zusammenbringt. Im Rahmen des Programms heißen Einheimische internationale Besucher bei sich zu Hause und in ihrer Kultur willkommen, essen und unterhalten sich mit ihnen und machen sie mit den interessan-

testen Sehenswürdigkeiten und Erlebnissen, die ihre Region zu bieten hat, bekannt.

Haustauschferien (www.haustauschferien.com)
Plattform, auf der man sein Haus für eine bestimmte Zeit zum Tausch anbieten kann.

MonasteryStays.com (www.monasterystays.com)
Ein Service, der Aufenthalte in italienischen Klöstern arrangiert.

Hostelworld.com (www.hostelworld.com)
Service, der bei der Suche nach und Buchung von Hostels hilft. Auf der Website finden sich auch Artikel und Social-Networking-Angebote.

Booking.com (www.booking.com)
Hotel-Buchungsdienst mit Bewertungen.

Hostels.com (www.hostels.com)
Ein weiterer Hostel-Buchungsservice.

GoMio.com (www.gomio.com)
Hostel-Buchungsplattform. Verbindet Reisende, die im selben Hostel übernachten werden.

AMTLICHE REISEINFORMATIONEN

Auswärtiges Amt (www.auswaertiges-amt.de)
Offizielle Reiseinformationen des Auswärtigen Amts.

Visabestimmungen (http://www.auswaertiges-amt.de/DE/EinreiseUndAufenthalt/Visabestimmungen_node.html)
Einreise- und Visabestimmungen für deutsche Staatsbürger für alle Länder der Welt.

CIA World Factbook
(www.cia.gov./library/publications/the-world-factbook)
Eine Datenbank mit grundlegenden Statistiken zu Politik, Geografie, Demografie, Wirtschaft, Kommunikation, Transport, Militär und transnationalen Aspekten über jedes Land der Welt.

REISEFÜHRER-VERLAGE

Lonely Planet Deutschland (www.lonelyplanet.de)

Rough Guides Travel (www.roughguides.com)

DuMont Reise-Handbücher (shop.dumontreise.de)

Marco Polo Reise- und Städteführer (www.marcopolo.de)

Michael Müller Verlag (www.michael-mueller-verlag.de)

Stefan Loose Travel Handbücher (www.stefan-loose.de)

Reise Know-How Verlag (www.reise-know-how.de)

DK Verlag (www.dorlingkindersley.de/content-34-34/sprachen_und_reisen)

Vista Point (www.ullmannmedien.com/vistapoint)

Iwanowski's Reisebuchverlag (www.iwanowski.de)

BÜCHER MIT VORSCHLÄGEN ZUR REISEGESTALTUNG

How to Travel the World on $50 a Day: Travel Cheaper, Longer, Smarter, von Matt Kepnes (Perigee, 2015, E-Book und Druck, Englisch)
Tipps, Tricks und Geheimnisse, wie man angenehm preiswert reisen kann – vom Travel Hacking bis zu cleverem Banking.

The Rough Guide to First-Time Around The World, von Doug Lansky (Rough Guides, 2013, Druck, Englisch)
Allgemeiner Führer für die Reiseplanung, mit Tipps zu Routenplanung, Sicherheitsmaßnahmen und Sparmöglichkeiten; enthält auch Überlandkarten und Beschreibungen von Sehenswürdigkeiten auf der ganzen Welt.

The Practical Nomad: How to Travel Around the World, von Edward Hasbrouck (Avalon, 2011, Druck, Englisch)
Tipps für Langzeitreisen.

100 Countries, 5000 Ideas: Where to Go, When to Go, What to See, What to Do (National Geographic, 2011, Druck, Englisch)
Großformatiges Buch voll mit Reisevorschlägen.

1000 Places to see before you die: Die neue Lebensliste für den Weltreisenden, von Patricia Schultz (Vista Point, 2016, E-Book und Druck)
Weckt Interesse an Zielen rund um den Globus.

Die Welt: Ein Reiseführer für alle Länder dieser Erde (Lonely Planet, 2015, E-Book und Druck)
Reiseführer für 221 Länder der Welt, gibt Vorschläge zu Reiserouten und zeigt die Highlights der jeweiligen Länder.

Reiseziele weltweit: 400 Reisen, die Sie nie vergessen werden, von Keith Bellows (NG Buchverlag, 2013, Druck)
Bildband über die schönsten Fernweh-Ziele.

INTERNATIONALE INFORMATIONEN UND NACHRICHTEN

The Economist (www.economist.com)
Diese in London herausgegebene Zeitschrift liefert die beste internationale Berichterstattung aller großen englischsprachigen Wochenmagazine. Fast überall zu haben.

AP Global News Network (www.ap.org)
Nachrichten und Links von Associated Press.

New York Times World
(www.nytimes.com/pages/world/index.html)
Internationale Nachrichten der renommierten Zeitung.

BBC World News (www.bbc.com/news/world)
Internationale Nachrichten der British Broadcasting Corporation.

Google News (news.google.com)
Leistungsstarker Nachrichtensammler und Suchdienst.

OnlineNewspapers.com (www.onlinenewspapers.com)
Datenbank, die schnellen Zugang zu Onlinezeitungen aus Ländern in der ganzen Welt bietet.

Al Jazeera (www.aljazeera.com)
Internationale Berichterstattung, vor allem über den Nahen Osten.

UNABHÄNGIGE REISEMAGAZINE

Outpost Magazine (www.outpostmagazine.com)
Ein in Toronto ansässiges Magazin, geschrieben von abenteuerlustigen Individualreisenden.

Wanderlust (www.wanderlust.co.uk)
In Großbritannien herausgegebenes Magazin für Individualreisende.

Afar Magazine (www.afar.com)
Ein Magazin aus San Francisco zu Erlebnisreisen.

Roads & Kingdoms (roadsandkingdoms.com)
Reisemagazin über Essen, Musik und Kultur rund um den Globus.

BLOGS ÜBER INDIVIDUALREISEN

Rolf Pott's Vagabonding blog (www.vagablogging.net)
Ratschläge, Nachrichten und Links für Weltenbummler.

Vagabondish (www.vagabondish.com)
»Das Reisemagazin für den Weltenbummler von heute.«

Intelligent Travel (intelligenttravel.nationalgeographic.com)
Reisenachrichten und Links vom National Geographic Traveler.

Nomadic Matt (www.nomadicmatt.com)
Tipps, Fotos, Videos, Kommentare und Links zum Thema Reise.

Vagabond Journey (www.vagabondjourney.com)
Blog über Langzeitreisen mit Tipps und weiterführenden Quellen.

Go Backpacking (gobackpacking.com)
Dieser Blog will Menschen inspirieren und motivieren, ihre Reiseträume zu verwirklichen, egal, ob es sich dabei um einwöchige Ferien oder eine fünf Jahre dauernde Weltenbummler-Odyssee handelt.

Road Junky (www.roadjunky.com)
Informationen zu Arbeit, Gesundheit, Budget und Kultur unterwegs.

Worldette (www.worldette.com)
Inspirierende Beiträge zum Thema Reisen.

The Professional Hobo (www.theprofessionalhobo.com)
Wie man es finanziell schafft, hauptberuflich zu reisen.

ALLGEMEINE REISEMAGAZINE

National Geographic (ngm.nationalgeographic.com)
Dieses klassische Magazin mit wunderbaren Fotos hat vermutlich mehr Weltenbummler inspiriert als irgendeine andere Zeitschrift in den letzten rund 100 Jahren. Die Website führt auch zu archivierten Fotos und Reportagen und internationalen Ausgaben.

National Geographic Traveler
(travel.nationalgeographic.com)
Reiseberichte und Tipps über Ziele und Orte auf der ganzen Welt.

Outside Magazine (www.outsideonline.com)
Texte zu Reisen und Abenteuer mit Schwerpunkt auf Outdoor-Sport. Mit praktischen Tipps zu Reisezielen und Ausrüstung.

Merian (www.merian.de)
Monatlich erscheinende Reisezeitschrift, in jeder Ausgabe auf einen Ort spezialisiert.

Geo Saison
(http://www.geo.de/magazine/17032-thma-geo-saison)
Reportagen, Inspirationen, bebilderte Essays rund um das Thema Reisen.

REISEINFORMATIONEN FÜR STUDENTEN

Student Travel Association (www.statravel.de)
Spezialisiert auf Reiserabatte und Arbeitsvisa für Studenten.

Travel Cuts (www.travelcuts.com)
Reisebuchungsservice für Studenten und Jugendreisen.

Escape Guide to the Ultimate Gap Year, von Amar Hussain (Escape Guides, 2013, E-Book, Englisch)
Kurzer digitaler Führer für die Planung und Vorbereitung von Gap Years.

International Student Identity Card (www.isic.de)
Der internationale Studentenausweis, mit dem Studierende weltweit von Vergünstigungen profitieren können.

Studentenhilfen (www.studentenhilfen.de/reisen)
Tipps und Tricks für Studenten auf Reisen.

ONLINEFLUGTICKETS

Round the World Ticket Trip Planner (www.bootsnall.com/tripplanner.shtml)

Expedia Travel (www.expedia.com)

Kayak.de (www.kayak.de)

Sky Scanner (www.skyscanner.com)

ITA Matrix (matrix.itasoftware.com)

Google Flights (www.google.de/flights)

Opodo (www.opodo.de)

WEITERE INFORMATIONSQUELLEN ZUM THEMA TRANSPORTMITTEL

Seat 61 (www.seat61.com)
Detaillierte Informationen, wie man die Welt mit Zügen und Fähren bereisen kann.

FlyerTalk (www.flyertalk.com)
Foren zu Reisen und Flügen und wie man das Beste aus Vielflieger-Programmen machen kann.

Traveda (www.traveda.de)
Umfangreiche Informationsplattform für Reisende mit zahlreichen Tipps zur Reiseplanung und Urlaubsvorbereitung.

REISEVERSICHERER

Achte bei einer Reiseversicherung darauf, dass sie auch eine Langzeitreise und nicht nur einen Kurzurlaub abdeckt. Wenn du eine bereits vorhandene Krankenversicherung erweitern willst, achte darauf, dass alle Leistungen auch im Ausland gelten.

Weltreise Info (http://weltreise-info.de/versicherungen)
Allgemeine Informationen über Reiseversicherung, welches Modell sinnvoll ist und was zu beachten ist.

Reiseversicherung (www.reiseversicherung.com)
Portal für den Vergleich von Reiseversicherungen aller Anbieter.

Eine regelmäßig aktualisierte und verlinkte Onlineversion dieser Informationsquellen-Übersicht findest du auf vagabonding.net unter dem Link »Resources«.

WELTENBUMMLER-STIMMEN

Ich erinnere mich an eine Unterhaltung, die ich im Zug nach Sizilien mit einem Universitätsprofessor über das Bedürfnis zu reisen führte. Er sagte: »Man kann alles lesen, was über einen Ort geschrieben wurde, aber nichts davon ersetzt, ihn zu riechen!« Er hatte recht. Mach also Pläne, aber sei unter Umständen bereit, sie fallen zu lassen. Kurt Vonnegut schrieb einst: »Eigenartige Reisevorschläge sind Tanzlektionen von Gott.« Das gefällt mir. Recherchiere vor deiner Abreise so viel wie möglich, aber lass auf keinen Fall zu, dass Ängste dich von etwas abhalten. Los Angeles kann sehr viel gefährlicher sein als jeder Ort, den ich bislang bereist habe. Lass ganz normale Vorsicht walten, vertraue deinem gesunden Menschenverstand, sofern du welchen besitzt, und alles wird gut. Ich habe überall auf meinen Reisen Speisen von Garküchen gegessen, aber die einzige Lebensmittelvergiftung meines Lebens hatte ich nach einem Besuch bei McDonald's in meiner Heimatstadt (kein Scherz).

BILL WOLFER, 60, *MUSIKER, KALIFORNIEN*

Anfangs plante ich für unsere Reisen alles durch. Jeden Flug, jede Zugverbindung, jede Unterkunft. Sogar viele Sehenswürdigkeiten oder Lokale auf der Strecke. Mittlerweile lege ich nur noch das grobe Gerüst fest – Langstreckenflüge und schwer zu buchende Unterkünfte –, der Rest soll sich dann unterwegs organisch ergeben. Billige Flüge, preiswerte Bahnverbindungen oder billige Busse sind leicht zu finden. Man erlebt Unglaubliches, wenn man nicht an einen bestimmten Reiseverlauf gebunden ist, und deswegen geht man doch eigentlich auf Reisen.

POWELL BERGER, 50, *UNTERNEHMERIN UND MUTTER, HAWAII*

Denk nicht zu viel über alles nach. Erstelle keine Pro- und Kontra-Listen. Die machen nur unnötige Arbeit. Wenn du zu viel über alles nachdenkst, wirst du zu Hause hängen bleiben und eines Tages erklärst du dann deinen Enkelkindern: »Das wollte ich immer mal machen«, anstatt ihnen Fotos von deinen Reisen zu zeigen und ihnen Reiseziele zu empfehlen. Im Laufe der Jahre sagten Verwandte und Freunde zu mir: »Du reist stellvertretend für mich.« Lass niemals jemanden stellvertretend für dich reisen. Es ist dein Leben. Lebe es.

LAVINIA SPALDING, 43, *AUTORIN UND LEHRERIN, SAN FRANCISCO*

WELTENBUMMLER-STECKBRIEF

BAYARD TAYLOR

Dem Publikum bin ich nicht als Dichter bekannt – der einzige Titel, den ich begehre –, sondern als einer, der es geschafft hat, mit wenig Geld Europa zu erleben.

BAYARD TAYLOR, *BRIEF AN EINEN FREUND VON 1852*

Bayard Taylors lebenslange Ambition war es, die Fantasie der Menschen mit seinen Gedichten anzuregen, doch das klappte nie so recht. Stattdessen erlangte Taylor dadurch Berühmtheit, dass er ohne viel Geld nach Europa gereist ist.

Geboren 1825 in Pennsylvania, beschloss Taylor im Alter von 19 Jahren, Europa zu bereisen. Weil er schon bei der Beantragung seines Passes Geld sparen wollte, legte er die Strecke von Pennsylvania bis Washington, D.C., zu Fuß zurück und fuhr dann mit nur 140 Dollar in der Tasche nach Europa. Mit Sparsamkeit und Gelegenheitsjobs schaffte Taylor es, mit dieser Summe zwei Jahren lang auszukommen: Er mied normale Hotels, aß auf Märkten statt in Restaurants und legte sämtliche Strecken zu Fuß zurück. Während er in Frankfurt Deutsch studierte, lebte er von nur 33 Cent pro Tag.

Nach seiner Rückkehr veröffentlichte er das Buch *Views A-Foot*. Darin äußerte er Verwunderung über viele seiner Reisegenossen, die sich für nichts außer ein bisschen Bequemlichkeit und vorgefertigte Reiseführer-Weisheiten interessieren und »kaum einmal ihren Blick heben, um sich die Wirklichkeit anzuschauen«. Ironischerweise wurde *Views A-Foot* selbst zu einer Art Reiseführer – es begründete die Tradition des Reisens für wenig Geld, die vielen weiteren Generationen das Vagabonding ermöglichte.

Seine poetischen Ambitionen gab Taylor nie auf, doch der Erfolg von *Views A-Foot* führte ihn auf weitere Fahrten nach Afrika, Indien, Japan, ins Heilige Land und an den Polarkreis. 1874 schließlich ehrten Taylors Verleger die literarischen Bemühungen des Autors mit einer Gesamtausgabe, wie sie sonst nur großen Dichtern zuteilwird. Der Titel dieses elfbändigen Œuvres lautet *Bayard Taylor's Travels*.

TEIL 3

UNTERWEGS

Reisender, da ist kein Pfad, Pfade entstehen beim Gehen.

ANTONIO MACHADO, *CANTARES*

KAPITEL 5

SETZ DIR KEINE GRENZEN

Buddhisten glauben, dass wir in unserem täglichen Dasein wie in einer Eierschale leben. So wenig wie ein ungeschlüpftes Küken vom wahren Leben weiß, so wenig sind sich die meisten von uns der weiten Welt um sich herum bewusst. »Begeisterung und Niedergeschlagenheit, Glück und Unglück, Freude und Qual«, schrieb Dhammapada-Schüler Eknath Easwaran, »sind Stürme in einem winzigen, persönlichen, von einer Hülle umgebenen Reich – das wir für das große Ganze des Daseins halten. Doch wir können aus diesem Gehäuse ausbrechen und eine neue Welt betreten.«

Mit dem Nirwana hat Vagabonding natürlich nichts zu tun, aber der Ei-Vergleich ist durchaus passend. Indem man die Gewohnheiten und Gegebenheiten seines Zuhauses hinter sich lässt und diesen entscheidenden ersten Schritt in die Welt macht, findet man sich plötzlich in einem viel weiteren und weniger einengenden Bezugssystem wieder.

In der Planungsphase deiner Reisen mag diese Vorstellung beängstigend erscheinen. Doch hast du erst einmal den Sprung gewagt und dich auf den Weg gemacht, wirst du dich bald schon ganz trunken von der Erfahrung fühlen, wie einfach und spannend alles ist. Normale Erlebnisse (wie Essen bestellen oder in einen Bus einsteigen) werden dir mit einem Mal außergewöhnlich und verheißungsvoll vorkommen. Alle Einzelheiten des Alltagslebens, die du zu Hause gar nicht mehr wahrgenommen hast – der Geschmack eines Erfrischungsgetränks, der Klang eines Radios, der Geruch der Luft – werden dir plötzlich intensiv und exotisch erscheinen. Ernährung, Bekleidung und Unterhaltung sind auf einmal wunderbar andersartig und unglaublich preiswert. Trotz all deiner Vorbereitungen wirst du mehr über die Geschichte und die Kulturen, die dich umgeben, erfahren wollen. Der unterschwellige Reiz des Unbekannten, der zuerst ein wenig beängstigend war, macht schnell süchtig. Einfache Ausflüge zu einem Markt oder der Besuch einer Toilette können sich zu regelrechten Abenteuern entwickeln; gewöhnliche Unterhaltungen können der Beginn einer wunderbaren Freundschaft sein.

Schnell wirst du feststellen, dass das Leben unterwegs sehr viel einfacher ist als das, was du von zu Hause kennst – aber auch auf fesselnde Weise komplexer.

»Reisen im Allgemeinen und Vagabonding im Besonderen bringen eine fantastische Dichte an Erlebnissen hervor«, schreibt Ed Buryn, »… ein Bündel an Ereignissen, Eindrücken und Lebensausschnitten, die stimulierend und anstrengend zugleich sind. Dir geschieht in Momenten, in denen du am empfindsamsten bist, ständig Neues und anderes … An ein und demselben wunderbaren Tag kannst du begeistert, gelangweilt, verwirrt, verzweifelt und erstaunt sein.«

Während der aufregenden ersten Tage deiner Reise gibt es eine Grundregel, an die du dich halten solltest: nur nichts überstürzen.

Um die Wichtigkeit dieser Grundeinstellung zu unterstreichen, formuliere ich sie noch einmal: IMMER … MIT … DER … RUHE.

Für Vagabonding-Anfänger kann dies eine der schwierigsten Lektionen sein, denn es gibt doch so viele faszinierende Sehenswürdigkeiten und Erlebnisse, die man noch in den Tagesablauf reinquetschen könnte. Du solltest jedoch nicht vergessen, dass der Sinn einer Langzeitreise darin besteht, die Zeit zu haben, sich *mit Bedacht* durch die Welt zu bewegen. Vagabonding heißt nicht, einen Teil deiner Lebenszeit für das Reisen freizuschaufeln, sondern das ganze Konzept von Zeit neu zu überdenken. Zu Hause bist du darauf geeicht, zur Sache zu kommen und Dinge zu erledigen, zielgerichtet und effizient zu sein, anstatt den Augenblick zu würdigen. Unterwegs lernst du zu improvisieren, allem, was du siehst, einen zweiten Blick zu schenken und dich nicht auf einen Zeitplan zu versteifen.

Lass dich langsam und entspannt auf diese neue Haltung ein. Such dir kurz nach Ankunft an deinem ersten Zielort einen »Brückenkopf« (das kann ein Strand sein, ein von Reisenden bevorzugtes Stadtviertel oder auch ein abseits gelegener Ort) und verbringe dort ein paar Tage, um dich zu entspannen und zu akklimatisieren. Fahr nicht gleich los, um »alle Sehenswürdigkeiten abzuhaken«, und fang nicht an, deine Reisefantasien gleich zu Beginn auszuleben. Bleib organisiert und interessiert, aber führe keine To-do-Liste. Schau dich in deiner Umgebung um. Erfreue dich an kleinen Dingen und Unterschieden. Beobachte mehr und analysiere weniger. Nimm die Dinge, wie sie kommen. Trainiere deine Flexibilität und Geduld – und entscheide nicht im Voraus, wie lange du an diesem oder jenem Ort bleiben wirst.

> Ich will es nicht vorantreiben. Das allein schon ist eine verderbliche Einstellung des 20. Jahrhunderts. Wenn du etwas beschleunigen willst, dann bedeutet das, dass es dich nicht mehr interessiert und du dich anderen Dingen zuwenden willst.
>
> ROBERT M. PIRSIG, *ZEN UND DIE KUNST, EIN MOTORRAD ZU WARTEN*

In mancher Hinsicht kann diese Umstellung auf das Reisen mit der Kindheit verglichen werden: Alles, was du siehst, ist neu und emotional aufwühlend, grundlegende Dinge wie Essen und Schlafen bekommen einen höheren Stellenwert und Vergnügen findet man an den schlichtesten Merkwürdigkeiten und Neuheiten. »Mit einem Mal bist du wieder fünf Jahre alt«, stellte Bill Bryson in *Streifzüge durch das Abendland* fest. »Du kannst nicht alles lesen, hast nur ein sehr rudimentäres Gefühl dafür, wie die Dinge funktionieren, du kannst nicht einmal sicher eine Straße überqueren, ohne dein Leben in Gefahr zu bringen. Deine gesamte Existenz verwandelt sich in eine Folge spannender Mutmaßungen.«

In gewissem Sinne ist es befreiend, neue Orte mit den Instinkten eines Fünfjährigen zu erkunden. Du bist nicht länger an deine Vergangenheit gebunden. So weit von zu Hause entfernt bist du plötzlich ein unbeschriebenes Blatt. Eine bessere Gelegenheit, mit alten Gewohnheiten zu brechen, sich latenten Ängsten zu stellen und unterdrückte Facetten der eigenen Persönlichkeit auszutesten, gibt es nicht. Auf sozialer Ebene wird es dir nun leichter fallen, gesellig und aufgeschlossen zu sein. Du fühlst dich herausgefordert und bist optimistisch eingestellt, wieder bereit, zuzuhören und zu lernen. Und vor allem bist du von diesem sonderbaren Gefühl erfüllt, dass du jederzeit entscheiden kannst, in welche Richtung (buchstäblich und im übertragenen Sinne) du gehen willst.

> **Wenn du reist, erlebst du, auf sehr unmittelbare Weise, eine Wiedergeburt. Du wirst mit völlig neuen Situationen konfrontiert, die Tage vergehen langsamer und auf den meisten Reisen verstehst du noch nicht einmal die Sprache der Leute … Du beginnst, für andere zugänglicher zu werden, weil sie dir vielleicht in schwierigen Momenten helfen können.**
>
> PAULO COELHO, *AUF DEM JAKOBSWEG – TAGEBUCH EINER PILGERREISE NACH SANTIAGO DE COMPOSTELA*

Bald schon wirst du zwangsläufig Fehler machen. Dubiose Händler legen dich möglicherweise rein, deine Unvertrautheit mit kulturellen Gebräuchen könnte dazu führen, dass du Menschen beleidigst, und oft wirst du wie verloren durch fremde Umgebungen wandern. Manche Reisende scheuen keine Mühen, um solche Anfängerfehler zu vermeiden, dabei sind sie ein wichtiger Teil der

Lernerfahrung. Im Koran heißt es: »Hast du geglaubt, du könntest den Garten der Glückseligkeit ohne jene Proben betreten, denen sich die anderen, die ihn vor dir betraten, unterziehen mussten?« Jeder Weltenbummler fängt eben mal als Grünschnabel an und es gibt keinen Grund zu der Annahme, dass das bei dir anders sein könnte.

Eines meiner ersten Missgeschicke als Weltenbummler widerfuhr mir im chinesischen Macau. Während ich unterhalb der örtlichen portugiesischen Festung entlangwanderte, entdeckte ich eine kleine, grasbewachsene Böschung. Da ich den größten Teil der Woche zwischen den Betonburgen von Hongkong verbracht hatte, erschien mir diese parkartige Schneise mit ihrem Rasen zu verführerisch, um an ihr vorbeizugehen. Ich warf also meine Umhängetasche hin und machte es mir auf dem Rasen bequem, um die Nachmittagssonne ein wenig zu genießen. Nach einer Weile bemerkte ich, dass mich eine Gruppe Einheimischer anstarrte. Ich winkte ihnen zu, woraufhin sie kicherten. Zuerst dachte ich, die Leute wären von meiner fröhlichen Lockerheit entzückt, dann aber kam ein Englisch sprechender Student auf mich zu.

»Verzeihung«, sagte er, »aber es ist ungesund, auf diesem Rasen zu sitzen.«

»Ist schon okay«, erklärte ich ihm. »Da, wo ich herkomme, machen wir so was immer. Dafür sind Parks ja da. Ein paar Insekten und Pollen tun niemandem was zuleide.«

»Ja«, sagte der junge Mann, ob meiner Dummheit errötend, »aber da, wo *ich* herkomme, dient dieses Gras Hunden als Toilette.«

Was genau ich auf diese aufschreckende Enthüllung antwortete, habe ich vergessen – aber ich will damit sagen, dass jeder Weltenbummler von Zeit zu Zeit mal wie ein Touristentrottel dreinschaut. »Eine der unerlässlichsten Fähigkeiten von Reisenden«, schrieb der Journalist John Flinn, »ist das Vermögen, aus sich selbst einen ziemlich extravaganten Narren zu machen.« In diesem Sinne solltest du dir erlauben, über deine Missgeschicke zu lachen und an ihnen zu wachsen. Du wirst dabei nicht nur Neues über dich und deine Umgebung lernen, sondern bekommst auch gleich einen Crashkurs in puncto Globetrotter-Alltag (zu dem auch so profane Rituale gehören wie das Feilschen um Gemüse, sich mit einer Reiseführer-Karte in der Hand durch unbekannte Umgebungen zu navigieren und seine Kleidung im Hotelwaschbecken zu waschen). Mit der richtigen Einstellung wirst du dich bereits nach wenigen Tagen an die neuen Rhythmen deines Weltenbummler-Daseins gewöhnt haben. Unterwegs beschäftigt Vagabonding-Neulinge gleich zu Anfang vor allem eine trügerisch einfache Frage: »Was soll ich bloß Tag für Tag *machen*?«

> Aber die Welt des Reisenden ist nicht die übliche, denn Reisen an sich, selbst das gewöhnlichste, ist eine unausgesprochene Suche nach Besonderheit.
>
> PAUL FUSSELL, *ABROAD*

Auf den ersten Blick ist diese Frage ziemlich einfach zu beantworten: Statistisch betrachtet streben Menschen, die neue Orte besuchen, danach, örtliche Baudenkmäler, Museen, Ruinen, Naturwunder, kulturelle Besonderheiten, volkstümliche Dörfer, Märkte, Restaurants, künstlerische Darbietungen, Freizeitaktivitäten, gemütliche Lokale und das Nachtleben aufzusuchen und kennenzulernen.

Oder, anders ausgedrückt: Du leitest dein Reisen ein, indem du jene Dinge unternimmst, von denen du träumtest, als du noch dabei warst, deinen Trip zu planen. Bewundernd stehst du vor Zeugnissen alter Kulturen wie Stonehenge, Angkor Wat und Machu Picchu; du spazierst fasziniert durch die Sammlungen des Smithonian Institution, des Louvre oder der Eremitage; ehrfürchtig blickst du auf den Sonnenaufgang über der afrikanischen Serengeti, den Sonnenuntergang über dem australischen Hinterland oder auf den in der Mittagsstunde dampfenden Dschungel von Borneo; hingerissen lauschst du den wie aus einer anderen Welt stammenden Tönen mongolischer Kehlsänger, starrst verblüfft dem Herumwirbeln türkischer Sufis zu oder stampfst wie verrückt zum Takt irischer Trinklieder. Auf den Märkten in Chichicastenango kaufst du Webereien der Maya, in den Souks von Damaskus feilschst du um den Preis für Damast oder du verhandelst Brokate in den Krämergassen von Varanasi. Du springst an Bungee-Seilen in die Canyons von Neuseeland, kletterst die Hänge des Kilimandscharo hinauf oder machst Windsurfen auf dem See Genezareth. Du wirst einwöchige Liebesabenteuer (mit Einheimischen genauso wie mit anderen Reisenden) an der adriatischen Küste Kroatiens, auf den Kopfsteinpflaster-Straßen von Havanna oder den neonbeleuchteten Prachtstraßen von Tokio erleben. Du schlürfst Cappuccino in den Cafés an der italienischen Riviera, isst frische Früchte im Hochland von Sri Lanka oder starrst an den sauberen blauen Gewässern vor der Küste von Costa Rica selig Löcher in die Luft. Auf den griechischen Inseln kippst du jeden Tag Ouzo, an den Gestaden von Goa tanzt du nächtelang zu Technomusik oder du verbringst eine schlaflose Woche im Trubel des Karnevals von Rio de Janeiro.

Derlei Höhepunkte sind allen »Touristenpfaden«, die den Planeten kreuzen und queren, gemeinsam.

Doch leider ist das Leben auf solchen Touren keine ununterbrochene Folge aus magischen Momenten und Erlebnishöhepunkten – und manche Sehenswürdigkeiten und Aktivitäten können nach einer Weile Überdruss erzeugen. Zudem können die Standardattraktionen des Reisens (von den Tempeln von Luxor bis zu den Partystränden der Karibik) aufgrund ihrer Popularität gelegentlich auch so überfüllt sein und verbraucht wirken, dass es schwierig ist, sie wirklich zu genießen. Tatsächlich gehört die Sorge, von einem Ort enttäuscht zu werden, von dessen Besuch man schon immer geträumt hat, zu den großen Klischees des modernen Reisens. (Mir fällt dabei ein Cartoon im *New Yorker* ein, auf dem ein Mann sich in einem Reisebüro Fotos weltberühmter Sehenswürdigkeiten anschaut und sagt: »Das sieht alles so großartig aus. Ich kann es kaum erwarten, enttäuscht zu werden!«)

In seinem Buch *The Tourist* umreißt Dean MacCannell das Problem mit der trockenen wissenschaftlichen Terminologie des Soziologen: »Der individuelle Akt des Besichtigens ist wahrscheinlich weniger wichtig als die zeremonielle Bestätigung authentischer Sehenswürdigkeiten als Objekte höchsten Werts … Der tatsächliche Akt der Verbundenheit zwischen Tourist und Sehenswürdigkeit ist weniger wichtig als das Bild oder die gesellschaftliche Vorstellung, die der kollektive Akt hervorruft.«

In anderen Worten: Touristische Attraktionen werden durch ihre kollektive Popularität definiert und ebendiese Popularität entwertet ihr individuelles Erleben. Der aktuelle Trend zur Globalisierung intensiviert diese Empfindung nur, weswegen Kulturkritiker weltweit beklagen, wie sehr die Touristenmagnete »verdorben« wurden. Die »Shoppingmallisierung« der Champs-Élysées, die Fast-Food-Restaurants, die den Ausblick auf die Sphinx von Gizeh stören, und die prompte Verfügbarkeit von Müsli an den Backpacker-Hotspots von Yunnan werden allesamt als Beispiele für die »Gleichmacherei der Kulturen« durch den Tourismus genannt. Glücklicherweise sagen solche Sorgen mehr über die Reisegewohnheiten von Kulturkritikern als über die jeweilige Realität unterwegs aus. Eigentlich muss man sich, wenn man unverfälschte Blicke auf Paris, Ägypten oder China erhaschen will, nur ein paar Gehminuten von den Champs-Élysées, der Sphinx oder den Backpacker-Absteigen von Dali entfernen.

Seltsamerweise kommen nur wenige Leute (nicht einmal »Individual«-Reisende mit dem Lonely Planet unterm Arm) auf die Idee, von den ausgetretenen Reisepfaden abzuweichen. Es scheint fast, als wäre die Touristenroute zu einer Art Science-Fiction-Kraftfeld geworden – einem Netz aus Sehenswürdigkeiten, Annehmlichkeiten und Infrastrukturen, dem nur unerschrockene Helden entkommen können.

> **Empfindsames Reisen bedeutet, die Punkte zu entdecken, an denen sich Geschichte und Alltag überlagern; tagtäglich den Weg zum Wesen jedes Ortes zu finden: auf Märkten, in kleinen Gotteshäusern, abseits gelegenen Parks, Handwerksläden. Neugierde auf das Außergewöhnliche im Gewöhnlichen rührt das Herz des Reisenden, der gewillt ist, hinter den Schleier des Tourismus zu blicken.**
>
> PHIL COUSINEAU, *THE ART OF PILGRIMAGE*

Erfreulicherweise ist Heldentum für einzigartige Reiseerlebnisse gar nicht vonnöten; eine schlichte Änderung der geistigen Einstellung genügt. Der Grund, warum so viele Reisende frustriert sind, wenn sie weltberühmte Ziele besuchen, liegt darin, dass sie sich noch immer nach den Regeln richten, die zu Hause gelten und die besagen, dass man »belohnt« wird, wenn man festgelegten Programmen und Protokollen folgt. Deshalb solltest du unterwegs nie vergessen, dass einzig du selbst über dein Programm entscheidest. Ist die Schlange zu Lenins Grab vor dem Kreml zu lang, ist es dein gutes Recht, dir ein paar Flaschen Bier zu kaufen, dich in einer Ecke des Roten Platzes niederzulassen und entspannt zuzusehen, wie dich der Rest von Moskau umschwirrt. Kommt dir Kuta Beach in Indonesien zu sehr wie eine Einkaufsmeile vor, steht es dir zu, deinen Reiseführer wegzuwerfen, einen Bus ins Landesinnere zu nehmen und dich durch die verschlafenen Bergdörfer Balis treiben zu lassen. Wenn dich der Anblick einer McDonald's-Filiale am Rande des Tian'anmen-Platzes stört, hast du das Recht, in einen öffentlichen Bus zu springen, an irgendeiner Haltestelle auszusteigen und herumzuspazieren, um das Alltagsleben in den alten *Hutongs* von Peking zu beobachten.

Natürlich kann auch das gewohnheitsmäßige Meiden der beliebtesten Sehenswürdigkeiten zu einem Klischee werden – vor allem bei Anhängern einer Pseudo-Gegenkultur, die Paul Fussell als »Anti-Touristen« bezeichnet. »Der Anti-Tourist darf nicht mit dem Reisenden verwechselt werden«, schreibt Fussell in *Abroad*. »Sein Motiv ist nicht Recherche, sondern Selbstschutz und Eitelkeit.« Der Anti-Tourist, der sich demonstrativ in lokale Kleidung hüllt, absichtsvoll nie eine Kamera mitführt und »emsig bemüht ist, die Standardsehenswürdigkeiten zu meiden«, hat, abgesehen von seiner bewussten Entscheidung, sich von anderen Touristen fernzuhalten, keine besondere Integrität oder Agenda vorzuweisen.

Diese Mentalität ist mittlerweile so weitverbreitet, dass sich viele Vagabonding-Neulinge vom ersten Tag ihrer Reise an in einer antitouristischen Geisteshaltung verfangen. In der Backpacker-Satire *Are You Experienced?* zeichnet der Popautor William Sutcliffe das komische Porträt einer Gruppe junger Reisender, die keine Ahnung haben, was sie unternehmen könnten, während sie die Touristenmassen in Indien meiden. »Die eloquenteste Rechtfertigung ihres Reisens«, beobachtet die Hauptfigur, »kam von Paul, der sagte: ›Keine Ahnung. Irgendwas muss es ja geben. Offenbar ist Stoff echt billig‹.

> Vergiss nicht, dass der besondere Vorteil des Weltenbummelns darin liegt, nicht wirklich zu wissen, was als Nächstes geschieht – eine Erfahrung, die du in allen Fällen zum Schnäppchenpreis haben kannst … Die Herausforderungen, mit denen du konfrontiert wirst, lassen dir keine andere Alternative, als sie zu meistern. Und indem du das schaffst, lebst du dein Leben in vollen Zügen.
>
> ED BURYN, *VAGABONDING IN EUROPE AND NORTH AFRICA*

Tatsächlich sind Drogen in vielen Gegenden der Welt preiswert zu haben (solange man sich nicht damit erwischen lässt), doch das ist wohl kaum der Schlüssel, um dein Interesse und deine Begeisterung in fremden Ländern aufrechtzuerhalten. Das Geheimnis, wie man sich unterwegs die Faszination bewahrt und von den frustrierten Massen abhebt, lautet: Setz dir keine Grenzen.

Setz dir keine Grenzen im Hinblick auf das, was du kannst oder nicht kannst, was deine Zeit wert ist oder nicht. Wage es, mit deinem Tagesverlauf zu »spielen«: Beobachte, warte ab, höre hin, lass Dinge geschehen. Wo auch immer du dich gerade aufhältst – ob im Souvenirshop des Vatikans, in einem Dschungeldorf in Panama oder in der Innenstadt von Ouagadougou –, achte auf die winzigsten Bewegungen oder Einzelheiten um dich herum. Oder wie Dean MacCannell schreibt: »*Alles*, dem du Beachtung schenkst, selbst kleine Blumen oder Blätter, die du vom Boden aufhebst und einem Kind zeigst, selbst ein Schuhputzer oder eine Kiesgrube, alles ist potenziell sehenswert … Manchmal haben wir offizielle Führer oder Reisebeschreibungen, in der Regel sind wir jedoch auf uns selbst gestellt. Wie sonst lernen wir einen anderen Menschen kennen als über ein Gesamtbild aus Eindrücken, die sich aus einem Universum an Möglichkeiten herausschälen? Wie sonst beginnen wir, die Welt kennenzulernen?«

Auf diese Weise ist Weltenbummeln wie eine Pilgerfahrt ohne ein festgelegtes Ziel oder eine bestimmte Absicht – weniger eine Suche nach Antworten als ein Zelebrieren des Fragens, ein Annehmen des Mehrdeutigen und ein *Offensein* für alles, das dir in den Weg kommt.

Wenn du dich mit bestimmten Plänen und Zielen auf den Weg machst, wirst du im besten Falle das Vergnügen haben, sie zu verwirklichen.

> Ich finde, man kann fast alles machen oder fast überallhin gehen – sofern man es nicht eilig hat.
>
> PAUL THEROUX, ZITAT VON TONY, DER STRANDGUTSAMMLER, IN *DIE GLÜCKLICHEN INSELN OZEANIENS*

Doch wenn du mit offenen Augen und einfacher Neugier umherschweifst, wirst du ein viel größeres Vergnügen entdecken – das Gefühl für die *Möglichkeiten*, die aus jeder Richtung auf dich einstürmen, während du von Ort zu Ort ziehst.

EMPFEHLUNGEN

EINSTIEG

- Lass dich nicht von scheinbar komplizierten Details abschrecken, die das Individualreisen mit sich bringt. In jeder frequentierten Region der Welt gibt es beliebte alternative Reiserouten, die auch von vielen normalen Reisenden wie dir genutzt werden. Auch wenn du letztendlich abseits dieser Strecken unterwegs sein willst, triffst du dort auf Leute, die dir Ratschläge geben können, weshalb diese Routen gute Startpunkte bilden.

- Wenn du nicht so recht weißt, was du an einem Ort tun sollst, spaziere einfach in deiner neuen Umgebung herum. Geh weiter, bis dein Tag spannend wird – auch wenn das heißt, aus der Stadt heraus aufs Land zu schlendern. Irgendwann wirst du eine Szene entdecken oder jemanden kennenlernen, etwas erleben, was deinen Spaziergang lohnenswert macht. Falls du dich unterwegs verirrst, nimm einfach einen Bus oder ein Taxi zu einem Wahrzeichen oder Hauptplatz des Ortes und finde von dort aus zum Hotel zurück.

- Führe von Beginn deiner Reise an ein Tagebuch und diszipliniere dich dazu, jeden Tag etwas Neues einzutragen. Es bleibt dir überlassen, ob du dich kurz fasst oder ausführliche Notizen machst. Zeichne Geschichten, Ereignisse, Gefühle und Eindrücke auf. Das Ergebnis wird ein bemerkenswertes Dokument deiner Erlebnisse und deiner Entwicklung sein.

REGELMÄSSIGE BESORGUNGEN

- Wenn du für länger unterwegs bist, wirst du jede Woche ein gewisses Maß an Zeit mit praktischen Dingen verbringen müssen, zum Beispiel damit, Bahntickets zu besorgen, Wäsche zu waschen, Geld zu wechseln, Toilettenartikel einzukaufen oder E-Mails zu schreiben. Wenn du dafür eine feste Zeit einplanst, verhinderst du, dass solche Verpflichtungen deine interessanteren Reiseaktivitäten immer wieder unterbrechen.

- Wenn du Geld wechselst, zähle den Betrag immer nach, bevor du die Bank oder die Wechselstube verlässt – nur für den Fall, dass der Kassierer einen Fehler gemacht hat. In Ländern, in denen man mit Schwarzmarkt-Wechselkursen besser fährt, erledigst du deine Transaktionen besser in einem stationären Geschäft (in der Regel in Hotels und Juwelierläden) statt auf offener Straße. Erkundige dich vorab nach dem Wechselkurs, zähle das Geld, das du vom Händler bekommst, bevor du ihm deines überreichst, und akzeptiere keine verschmutzten oder angerissenen Scheine. Bitte in Ländern mit schwacher Währung um große Scheine, denn dicke Stapel kleiner Scheine sind schwer zu zählen. Sollte sich der Schwarzhändler zu irgendeinem Zeitpunkt verdächtig verhalten (indem er zum Beispiel unübliche Auskünfte verlangt oder sich aggressiv benimmt), nimm dein Recht zu gehen in Anspruch.

- Buche nicht zu viele Überlandreisen im Voraus, denn das hemmt deine Spontaneität. Selbst Angebote mit beliebigen Unterbrechungsmöglichkeiten zu besonders günstigen Preisen wie der berühmte Eurail-Pass für Züge sind nur dann ein Schnäppchen, wenn du ständig den Standort wechselst. Reservierungen im Voraus können sinnvoll (und im Falle von Bahnfahrten oft auch notwendig) sein, aber nur für jeweils eine Fahrt.

- An manchen Orten (wie in Indien) gibt es überall preiswerte Wäschereien, in vielen Ländern jedoch nicht. Glücklicherweise kannst du deine Wäsche leicht selbst waschen. Nimm einen Universalstöpsel für das Hotelwaschbecken mit und benutze Shampoo als Waschmittel. Nimm auch ein kleines Gummiseil mit, das du als Wäscheleine benutzen kannst. Sollte deine Kleidung morgens noch immer ein bisschen feucht sein, ist es das Beste, sie einfach anzuziehen (das mag zunächst etwas unangenehm sein, ist aber besser, als feuchte Sachen im Gepäck zu haben).

- Die meisten Menschen dieser Welt leben nicht von Lebensmittelkonserven aus dem Supermarkt, Mikrowellen-Mahlzeiten oder verpackten Snacks. Probiere die Essensstände unter freiem Himmel aus – und ernähre dich dadurch auch gesünder!

UNTERKÜNFTE UND TOILETTEN

- Auf Reisen Hotels und Gästehäuser zu finden, ist selten ein Problem. Vorabreservierungen sind also nicht nötig, es sei denn, die Gefahr besteht, dass lokale Festivals oder eine touristische Hochsaison Hotelzimmer knapp werden lassen, oder dein Flieger landet erst spät und du willst nicht mitten in der Nacht ein Hotelzimmer suchen.

- An den meisten Orten werden die billigen Hotels und Gästehäuser von Einheimischen betrieben, was bedeutet, dass preisbewusstes Reisen tatsächlich der beste Weg ist, die lokale Wirtschaft zu unterstützen. Zudem kann man in von Einheimischen betriebenen Unterkünften in der Regel den Zimmerpreis verhandeln – vor allem in der touristischen Nebensaison. An vielen Orten werden Rabatte für mehrtägige Aufenthalte angeboten.

- Check nie in ein Hotel ein, bevor du dir das Zimmer angeschaut hast. Achte darauf, dass die Strom- und Wasserversorgung funktioniert und das Türschloss intakt ist. Überprüfe die Lage deines Zimmers im Hinblick auf Diskotheken, Moscheen, Fabriken, Hauptstraßen oder andere Gegebenheiten, durch die es zu bestimmten Tages- oder Nachtzeiten laut werden könnte.

- Wenn du dein Zimmer morgens verlässt, steck eine Visitenkarte des Hotels ein – nur für den Fall, dass du dich verläufst oder vergisst, wo du untergebracht bist (was, ob du es glaubst oder nicht, bei Reisenden ziemlich häufig vorkommt). Selbst wenn du den Weg zurück nicht findest, wird ein Taxifahrer dich anhand der Visitenkarte hinfahren können.

- Plumpsklos – ein schlichtes Loch im Boden – sind in vielen Teilen der Welt eher die Regel als die Ausnahme. Wenn du die Absicht hast, abseits der Standardtouristenpfade unterwegs zu sein, solltest du besser lernen, damit zurechtzukommen. Erfreulicherweise sind Plumpsklos sehr hygienisch – allerdings solltest du dein eigenes Toilettenpapier mitführen, wenn du nicht mit Wasser »abwischen« willst.

HANDELN

Außerhalb der industrialisierten Welt gelten festgelegte Preise oft nur in Restaurants und für Busse. Nahezu alle anderen Produkte oder Dienstleistungen auf diesem Planeten (von Hotels über Andenken bis zu Marktware) sind verhandlungsfähig – und nur ein Narr würde einen Einstiegspreis akzeptieren, ohne ein bisschen zu feilschen.

Hier ein paar Tipps, wie du dich in der Welt der verhandelbaren Preise zurechtfinden kannst:

Souvenirs

- Trotz der exotischen Wunder, die in deinem Reiseort im Überfluss vorhanden sind, solltest du dem Drang widerstehen, sofort mit dem Kauf von Andenken zu beginnen. Das erspart dir zum einen das Problem, diese Schätze für den Rest der Reise mit dir herumschleppen zu müssen, und zum anderen wirst du, nachdem du eine Weile unterwegs warst, auch ein besseres Gefühl dafür bekommen, was es zu kaufen gibt und wie man es am besten kauft.

- Lass beim Feilschen zuerst den Händler ein Angebot machen – und antworte darauf nicht mit einem Gebot zum halben Preis, um von diesem Ausgangspunkt aus weiterzuverhandeln. Die Händler erwarten bereits, dass du dies tun wirst, und gleichen entsprechend ihre Preise an. Warte stattdessen lieber ab, ob der Händler ein neues, günstigeres Angebot macht, bevor du mitbietest. Bleib beim Feilschen freundlich und bestimmt (gerne auch auf spielerische Art) und versuche, nicht grob oder herablassend aufzutreten. Lass dich umgekehrt aber auch nicht darauf ein, wenn der Händler versucht, dich mit emotionalem Flehen und Melodramatik zu beeinflussen. Denk daran, dass Händler in dieser Hinsicht viel mehr Erfahrung haben als du, völlig abgesehen davon, dass die Masche, Kunden aus der Ersten Welt ein schlechtes Gewissen einzureden, auf Märkten in aller Welt zu den erfolgreichsten Verkaufstechniken überhaupt gehört.

- Regel Nummer eins für gewissenhafte Käufer: Biete nie einen Preis für einen Artikel und lehne dann ab, ihn zu bezahlen. Wenn du nicht sicher bist, ob du etwas willst oder nicht, mach auch kein Angebot. Punkt.

- In den meisten Touristengebieten werden in vielen Souvenirläden ähnliche Artikel angeboten. Stelle Vergleiche an, bevor du einen Kauf tätigst – und lass dir von keinem Händler einreden, das sei unhöflich. Wettbewerb ist schließlich der Nährboden, auf dem die Geschäfte gedeihen.

- Während der touristischen Hochsaison, wenn Urlauber für alles Mögliche fröhlich überhöhte Preise zahlen, kann Feilschen sehr schwierig sein. Spar dir also, wenn möglich, deine Souvenirkäufe für die Nachsaison auf; die Produkte sind die gleichen, aber die Händler werden eher zu Kompromissen bereit sein.

Taxis und öffentliche Verkehrsmittel

- Taxameter im Ausland können verwirrend sein. In manchen Taxis gibt es welche, in anderen nicht. Manche Taxameter sind »kaputt«, andere sind überholt. Gehe also nicht davon aus, dass alle Taxis gleich sind. Achte darauf, dass der Taxameter funktioniert, bevor du einsteigst, und sorge dafür, dass der Fahrer das Gerät einschaltet.

- Taxis ohne Taxameter sind auf der ganzen Welt verbreitet und erlaubt. Achte jedoch darauf, dass du dich mit dem Fahrer auf einen Preis einigst, *bevor* ihr losfahrt. Steige nicht ein, bevor der Preis nicht ausgehandelt ist, und meide Fahrer, die zur Eile mahnen oder versuchen, dich in den Wagen zu nötigen, bevor der Preis vereinbart wurde.

- Vermeide es, dein Gepäck in den Kofferraum eines Taxis zu legen, denn zwielichtige Fahrer nutzen das oft als Druckmittel aus. Wenn du keine Wahl hast und den Kofferraum brauchst, um deine Sachen zu verstauen, bezahle den Fahrer erst, nachdem du dein Gepäck wieder herausgenommen hast.

- An manchen Orten (zum Beispiel in China) verlangen Taxi- und Busfahrer einen bestimmten Fahrpreis im Voraus und versuchen dann, ein zweites Mal abzukassieren, indem sie behaupten, dein Gepäck »zähle als ein Passagier«. Dies ist keine gerechtfertigte Forderung, es sei denn, dein Gepäck nimmt offensichtlich einen Sitzplatz im Bus ein. Kläre also vorab, dass der Preis, den du zahlst, für dich und dein Gepäck zusammen gilt.

- Ebenso nennen manche Taxifahrer erst einen Preis für eine Gruppe und behaupten dann, wenn es ans Zahlen geht, dieser Preis gelte *pro Person*. Das ist offensichtlicher Nepp und die beste Möglichkeit, ihm zu entgehen, ist, von vornherein abzuklären, ob der Preis pro Person oder für die Gruppe insgesamt gilt.

- In den meisten Fällen sind Taxifahrer und Busfahrer interessante und freundliche Menschen, die tolle Geschichten erzählen können. Sei auf der Hut vor gelegentlich auftretenden Betrügern, aber reagiere auf deinen Fahrer nicht reflexhaft paranoid oder unhöflich. Schließlich liegt deine Sicherheit auf der Strecke in seiner Hand!

WELTENBUMMLER-STIMMEN

In meinen letzten Semesterferien besuchte ich mit einem Eurail-Pass die Hälfte aller europäischen Länder und blieb in jedem Land etwa 36 Stunden. Abgesehen von wenigen Ausnahmen gewann ich nicht mal flüchtige Eindrücke von der Kultur oder der Atmosphäre dieser Länder. Ich verbrachte viel zu viel Zeit in Zügen und aß fade verpackte Kost, was man besonders in Italien nie tun sollte. Am Ende war ich erschöpft. Diesen Sommer verbrachte ich fünf Wochen in Korea. Meine Freundin und ich mieteten eine Wohnung. Zwanzig Stunden pro Woche ging ich zum Sprachunterricht und abends aßen wir Barbecues, entspannten uns in Trockensaunas, tranken Soju und sangen mit neuen und alten Freunden in *Noraebangs*. Dieser Trip heilte und vitalisierte mich auf eine Art und Weise, wie es die Europareise im Eiltempo nicht getan hatte.

ANDY HAFENBRACK, 26,
DOKTORAND, WASHINGTON

Es ist so einfach, voller Enthusiasmus aufzubrechen und durchorganisiert und hektisch zu reisen, wie ein Erlebnis-Junkie, der den nächsten Kick durch neue, originelle oder weltberühmte Erlebnisse und Sehenswürdigkeiten erhält. Die meisten Leute machen das so. Wenn du aber lange genug so reist, lässt der Übereifer nach, du beginnst, Tempo rauszunehmen und deinen eigenen Weg zu gehen. Dann stellst du fest, dass es nicht wichtig ist, was und wie viel du gesehen und auf deiner Liste abgehakt hast, sondern schätzt vielmehr das wert, was du gründlich und unter Mühen gelernt hast. Hab den Mut, eher früher als später von der Backpacker-Route abzuweichen. Leg den Reiseführer beiseite und öffne einfach die Augen.

JENN MILLER, 39,
FREIE AUTORIN, KANADA

Mach langsam und bedenke, wenn du losfährst: Aktivismus kann eine Form von Faulheit sein, die sich durch geistige Bequemlichkeit und unüberlegtes Handeln äußert. Wählerisch zu sein – in anderen Worten: weniger auf intelligente Weise tun – ist in der Regel der produktivere und vergnüglichere Weg. Konzentriere dich auf die Qualität deiner Erlebnisse statt auf Quantität. Lerne ein paar Orte wirklich intensiv kennen und vermeide es, anhand eines überambitionierten Reiseplans um die Welt zu düsen und alles über dein iPhone abzuwickeln. Anders gesagt: Versuche, deinen Trip wirklich zu erleben und zu erfahren, und nicht nur Geschichten für später zu sammeln.

TIM FERRISS, 38, *AUTOR,*
SAN FRANCISCO

WELTENBUMMLER-STECKBRIEF

JOHN MUIR

Nur alleine und schweigend, ohne Gepäck, kann man wirklich ins Herz der Wildnis gelangen. Alle anderen Arten des Reisens bedeuten nichts weiter als Staub und Hotels und Gepäck und Geplapper.

JOHN MUIR, *BRIEF AN SEINE FRAU VON 1888*

John Muir, weithin als Amerikas erster Naturschützer anerkannt, veranschaulichte, wie man sich dem Reisen am besten mit einem lebhaften und leidenschaftlichen Interesse an seiner Umwelt nähert.

Der 1838 in Schottland geborene und in Wisconsin aufgewachsene Muir verlor im Alter von 29 Jahren bei einem Betriebsunfall für kurze Zeit sein Augenlicht. Als er einen Monat später wieder sehen konnte, beschloss er, sich aufzumachen und die wunderbaren Orte – Wälder, Berge, Seen – anzuschauen, die ihm fast versagt geblieben wären. Zu Fuß wanderte er 1000 Meilen weit, von Indianapolis bis an den Golf von Mexiko. Später gelangte er nach Kalifornien und verliebte sich in die Landschaften des Yosemite-Tals und der Sierra Nevada. Schließlich führte ihn sein rastloses Leben an so ferne Orte wie Alaska, Südamerika, Australien, Afrika, Japan und China.

Von Beginn an waren Muirs Reisen von einer Leidenschaft für die Natur geprägt und stets vertiefte er sich in das Studium der Flora und der Geologie der Orte, die er besuchte. Nie hatte er es eilig, seinen Zielort zu erreichen. Einmal erklärte er einem Freund, dass ihn selbst »ein Verzug von 40 Jahren oder mehr« nicht ärgern würde, solange er in dieser Zeit unterwegs andere Wildnisse erkunden könne.

Muir war der festen Überzeugung, der schwerste Fehler, den man im Leben machen könne, sei, sich selbst getrennt von seinen Zielen, Erfahrungen und Umgebungen zu denken. »Sobald wir ein Ding für sich betrachten«, schrieb er, »stellen wir fest, dass es mit allem im Universum verbunden ist.«

Reisen ist die beste Methode, die wir haben, um das Menschliche von Orten zu retten und sie vor Abstraktion und Ideologie zu bewahren.

PICO IYER, *WHY WE TRAVEL*

KAPITEL 6

LERNE DEINE NACHBARN KENNEN

Es gibt eine alte indische Parabel über einen weisen König, der zwei Offiziere seines Hofes ausschickte, um entlegene Länder zu erkunden. Einer der Höflinge, so hatte der König beobachtet, war arrogant und selbstsüchtig; der andere war großzügig und aufgeschlossen. Nach vielen Monaten auf Reisen und Entdeckungsfahrten kehrten beide Männer heim, um über ihre Erkenntnisse zu berichten. Als der König die Männer über die Städte ausfragte, die sie besucht hatten, sagte der großzügige Hofbeamte, er habe festgestellt, dass er in jenen fremden Ländern auf Menschen traf, die gastfreundlich seien, meist gütig und sich auch sonst nicht so sehr von den Menschen unterschieden, die man in der Heimat antreffen könne. Als der arrogante Hofbeamte dies hörte, spottete er neidvoll, denn die Städte, die er besucht hatte, waren von hinterhältigen Lügnern, Schwindlern und niederträchtigen Barbaren bevölkert. Nachdem er sich beider Berichte angehört hatte, musste der König innerlich lachen – denn er hatte beide Männer an dieselben Orte geschickt.

»Wir sind, was wir denken. Alles, was wir sind, entsteht aus unseren Gedanken. Mit unseren Gedanken formen wir die Welt«, sagte Buddha, und dies bestätigt sich selten so offensichtlich wie auf Reisen. Anders als bei einem gewöhnlichen Urlaub (in dem man selten die Zeit hat, mit seinem Umfeld zu interagieren), dreht sich beim Weltenbummeln alles um die Menschen, denen man unterwegs begegnet – und die Einstellung, die man diesen Begegnungen entgegenbringt, kann entscheidend für das gesamte Reiseerlebnis sein. »Wenn du die Welt als einen vorwiegend feindseligen Ort betrachtest, dann wird sie sich dir so zeigen«, schreibt Ed Buryn. Der gleichen Logik folgend, kann eine positive Weltsicht zu anregenden Reiseerlebnissen führen, bei denen die menschlichen Begegnungen im Mittelpunkt stehen.

Manche der Leute, die du unterwegs kennenlernst, werden ebenfalls Weltenbummler sein – viele von ihnen kommen aus Nordamerika, Europa, Australien oder Japan. Weil diese anderen Reisenden natürlich die gleichen Interessen haben und dieselben Werte und Freiheiten vertreten wie du, gehören sie zu den angenehmsten und vertrauenswürdigsten Leuten, denen du unterwegs begegnest. Wenn du dann mit dem einen oder anderen Reisefreund einen nebelverhangenen Berg besteigst oder ihr gemeinsam angeheitert am Strand hockt und auf den Sonnenaufgang wartet, wirst du dir sagen, was für ein Glück du hast, so coole, entspannte und aufgeschlossene Leute kennenzulernen. Mit vielen dieser Weltenbummler werden dich in den folgenden Monaten und Jahren über die Ferne hinweg Freundschaften (und gelegentlich auch Liebesbeziehungen) verbinden. Obendrein ist es erstaunlich, was alles du von deinen unterschiedlichen Reisebekanntschaften über deren heimatliche Kulturen lernen kannst. Im Laufe der Jahre habe ich norwegische Trinklieder in Burma gesungen, in Lettland etwas über die Feinheiten chilenischer Politik erfahren und in Jordanien wurde ich in die Kunst japanischer Tischsitten eingeführt. Gemeinsames Unterwegssein mit Kanadiern hat mich mehr über Kanada gelehrt, als ich je bei meinen vielen Wochenendbesuchen in Vancouver erfahren habe, und meine unzähligen Gespräche mit Briten haben mich erkennen lassen, wie viele Missverständnisse es zwischen Gesprächspartnern geben kann, die doch vermeintlich die gleiche Sprache sprechen.

> Diejenigen, die fremde Völker besuchen, sich aber nur mit Landsleuten abgeben, wechseln das Klima, doch nicht ihre Gewohnheiten. Sie sehen neue Meridiane, aber die gleichen Leute; dann kehren sie mit Köpfen, die genauso leer wie ihre Hosentaschen sind, nach Hause zurück, mit weit gereistem Körper, aber unbereistem Gemüt.
>
> CHARLES CALEB COLTON, *LACON*

Natürlich solltest du mit anderen Reisenden nicht ständig cliquenhaft zusammenhocken. Schon Jesus lehrte:

»Wenn du nur deine Brüder grüßt, was tust du dann mehr als andere?« Tatsächlich wirst du feststellen, dass du fern von zu Hause die faszinierendsten Erlebnisse und interessantesten Begegnungen mit Menschen haben wirst, deren Lebensstile und Hintergründe sich von deinen grundlegend unterscheiden. Bei welcher Begegnung im Punjab wirst du letztendlich mehr lernen: wenn du mit einem netten Agnostiker aus Neuseeland ein Lagerbier trinkst oder wenn du einen Tee mit freundlichen indischen Sikhs schlürfst? Welche Aktivität wird dir in Kuba am besten gefallen: mit einem geselligen deutschen Studenten tauchen zu gehen oder mit einer kontaktfreudigen Oma aus Havanna Rumba zu tanzen? Von welchen dieser Erlebnisse wirst du nach der Heimkehr deinen Freunden am liebsten erzählen? An welche dieser Erlebnisse wirst du dich im hohen Alter noch am besten erinnern?

Was bei Begegnungen mit Menschen aus fernen Ländern oft denkwürdig bleibt, ist, wie uns diese Interaktionen zu einem Nachdenken über die eigene kulturelle Prägung führen. Was in der Heimat richtig und falsch sein mag, trifft nicht immer auch in anderen Ländern zu – und wenn du andere Menschen ständig nur durch die Brille deiner eigenen Werte siehst, wirst du die Chance verpassen, die Welt mit *ihren* Augen zu sehen. In den westlichen Nationen zum Beispiel wird Individualismus geschätzt, der in den meisten asiatischen Kulturen als selbstsüchtige Vernachlässigung der Pflichten gegenüber Gesellschaft und Familie betrachtet wird. Westler treten bei Geschäftsbeziehungen lieber direkt und sachlich auf, während viele Menschen aus dem Orient dies als kaltes und entmenschlichtes Verhalten empfinden. In manchen Kulturen wirst du von Menschen nach deinen religiösen Überzeugungen (oder ihrem Fehlen) beurteilt. Andere werden irritiert auf deinen Wohlstand (oder sein Fehlen), auf dein Erscheinungsbild oder dein Geschlecht reagieren. Von solchen kulturellen Unterschieden zu lesen oder sie am eigenen Leibe zu erleben, ist ein Riesenunterschied. Letztendlich verschafft sich kulturelle Identität *instinktiv* Ausdruck, nicht verstandesmäßig – und das bedeutet, dass die Herausforderung nicht darin bestehen wird, wie gut du dein eigenes Benehmen im Griff hast, sondern wie du instinktiv auf das ungewohnte Verhalten anderer *reagierst.*

Als ich zum Beispiel Englisch in Korea unterrichtete, war ich nach einer Weile frustriert von der Reaktion meiner Kursteilnehmer auf meinen zwanglosen Unterrichtsstil. Weil ich dachte, meine Schüler im Studentenalter würden eher dazu angeregt werden, ihr Englisch in der Praxis anzuwenden, wenn sie mich als einen Freund statt als Lehrer betrachteten, ließ ich den Unterricht oftmals in Cafés und Kneipen stattfinden. Meinen Schülern schien diese ungewöhnliche Lernumgebung Spaß zu machen, aber sie verstummten jedes Mal, wenn ich sie als meine »Freunde« ansprach. »Wir sind nicht deine Freunde«, bemerkte eine lernbegierige Studentin. »Wir werden nie deine Freunde sein.« Ihre Reaktion, die ich zunächst als Feindseligkeit einem Nicht-Koreaner gegenüber verstand, ließ mich deprimiert zurück. Erst Monate später begriff ich, wie sehr sich das koreanische Verständnis von Freundschaft von der westlichen Vorstellung unterscheidet. Im konfuzianischen Verhaltenskodex der Koreaner ist Freundschaft Menschen gleicher gesellschaftlicher Stellung vorbehalten. Einen Lehrer als Freund zu betrachten (statt als einen Vorgesetzten), wäre für beide Seiten eine schwerwiegende Beleidigung.

So ist kulturelles Bewusstsein oft das positive Produkt relativ negativer Erfahrungen und egal, wie sehr man sein Einfühlungsvermögen vorab schult: Durch Zufall lernt man am besten. Sogar das Konzept von gleichberechtigten kulturellen Unterschieden beruht letztendlich auf unserem liberalen, demokratischen Kulturverständnis, und genau dies mag auf manche Denkweisen durchaus beleidigend wirken. Das Entscheidende auf Reisen ist also nicht, Recht oder Unrecht anderer Kulturen zu beurteilen (dann könntest du auch gleich zu Hause bleiben), sondern sie besser zu *verstehen*.

> **Wir müssen Menschen anderer Kulturen mit ihren Sitten nicht unbedingt vollkommen verstehen, um mit ihnen Umgang pflegen und mit der Zeit unsere Lehren daraus ziehen zu können; allein schon die Bemühung, diesen Umgang zu pflegen, ohne sämtliche Regeln zu kennen, und unser Improvisieren in bestimmten Situationen fördert unsere eigene Entwicklung.**
>
> MARY CATHERINE BATESON, *PERIPHERAL VISIONS*

Das Geheimnis im Umgang mit Menschen in fremden Ländern liegt nicht darin, das eigene Empfinden für Political Correctness (das ja selbst ein westliches Konstrukt ist) zu verfeinern, sondern das eigene Gespür für *Humor*. Die meisten Komödien zum Beispiel funktionieren schlicht aufgrund einer Verschiebung des Kontextes – Jack Lemmon verkleidet sich als Frau, Andy Kaufman bewegt die Lippen zum Playback des Titelsongs von *Mighty Mouse*, Jerry Seinfeld verabredet sich mit einer Frau, an deren Namen er sich nicht erinnern kann – und wo ist man radikaler aus dem eigenen Kontext verschoben als auf Reisen in fernen Ländern? So kann die Fähigkeit, über sich selbst lachen und die Dinge locker zu nehmen, der Schlüssel sein, um eigenartige neue kulturelle Situationen besser zu ertragen.

Humor mag vielleicht wie ein relativ zeitgenössisches Mittel im Umgang mit fremdartigen Umgebungen erscheinen, in Wirklichkeit jedoch handelt es sich dabei um eine althergebrachte Strategie. Ibn Battuta, der marokkanische Weltreisende aus dem 14. Jahrhundert, bediente sich im Verlaufe seiner 28 Jahre andauernden Reisen durch Afrika, Asien und den Nahen Osten häufig seines zurückhaltenden Sinns für Humor. Bei einer Gelegenheit, die mich an meine eigenen Reiseerlebnisse erinnert, verirrte sich Battuta in einer persischen Stadt und fragte einen einheimischen Derwisch, ob er Arabisch spreche. »*Na'am*«, erwiderte der Derwisch mit dem höflichen arabischen Wort für »Ja«. Davon ermutigt, fragte ihn Battuta nun lang und breit nach der nächstgelegenen Herberge – nur um festzustellen, dass *na'am* das einzige arabische Wort war, das der Derwisch kannte. (Ähnlich erging es mir, als ich zwei Stunden lang durch den Hafen von Cebu auf den Philippinen irrte, bis ich begriff, dass mir Ja-oder-Nein-Fragen auf der Suche nach einem Geldautomaten nicht weiterhalfen).

Das anschaulichste Beispiel kultureller Distanz liefert Battuta in seinen Reiseberichten allerdings, als der rastlose Marokkaner den »ungläubigen Sultan von Mul-Jawa« in Indonesien besucht:

Während der Sultan bei einer seiner Audienzen thronte, sah ich einen Mann mit einem Messer in der Hand, das dem Werkzeug eines Buchbinders ähnelte. Er legte sich das Messer am eigenen Hals an und hielt eine lange Rede, die ich nicht verstand. Dann griff er das Messer mit beiden Händen und schnitt sich die Kehle durch. Das Messer war so scharf und der Griff des Mannes so fest, dass sein Kopf sofort zu Boden fiel. Sein Verhalten setzte mich in Erstaunen. Der Sultan wandte sich mir zu und sagte, »Macht irgendjemand solches auch in deiner Heimat?«

Wenn Battuta es schaffte, sich aus einer solchen Situation herauszumanövrieren, solltest du in der Lage sein, die vergleichsweise harmlosen Begegnungen zu meistern, die du auf Reisen erleben wirst. Eine Grundvoraussetzung dafür, deinen Humor unterwegs zu wahren, ist die Herausbildung eines Sinnes für Bescheidenheit. Denn wenn du durch die Welt stolzierst, als gehöre sie dir, wird es dir schwerfallen, auch mal über dich selbst zu lachen.

Es ist erst ein paar Jahrhunderte her, da war Demut für Reisende schlicht überlebensnotwendig. Entdeckungsreisende des Mittelalters katzbuckelten vor kleinen regionalen Machthabern genauso reflexartig wie heutige Reisende bei der Beantragung eines Visums. Selbst Marco Polo war gezwungen, sich vor dem Großen Khan zu verbeugen. (Solltest du der Ansicht sein, arrogante Bürokraten würden an internationalen Grenzen über Gebühr deinen Stolz beleidigen und deine Geduld austesten, dann denke einfach daran, dass Reisende, die im 16. Jahrhundert den ostafrikanischen Hof von Karanga besuchten, gezwungen waren, sich dem einheimischen Monarchen auf dem Bauch über frischen Kuhdung rutschend zu nähern und dabei in die Hände zu klatschen.) Wenn man dies bedenkt, ist es schon erstaunlich, welchen Grad an diplomatischer Immunität Reisende heutzutage genießen. Selbst in entlegensten Weltgegenden, in denen die amtlichen Gesetze, die deine Sicherheit und dein Selbstwertgefühl schützen sollen, nur eine abstrakte Größe sind, empfangen die Menschen Reisende zumeist doch herzlich und gastfreundlich.

> **Die Kunst, grundlegende gemeinsame Werte zu erlernen, ist für diejenigen, die entspannt unter ihren Mitmenschen leben wollen, vielleicht der größte Gewinn auf Reisen.**
>
> FREYA STARK, *PERSEUS IN THE WIND*

Ungeachtet der diplomatischen Immunität ist Demut bei der erstmaligen Begegnung mit neuen Kulturen immer hilfreich. In *Die Weisheit der Wüste* erinnert Thomas Merton an die Geschichte eines Mönchs im 4. Jahrhundert, dem sein Abt befohlen hatte, jedem, der ihn beschimpfte, Geld zu geben. Nachdem er dies drei Jahre lang gewissenhaft getan hatte, wurde der Mönch angewiesen, nach Athen zu reisen, um seine Studien voranzubringen. Merton erzählt:

Als der Jünger in Athen eintraf, begegnete ihm ein gewisser Mann, der am Stadttor hockte und jeden beschimpfte, der aus- und einging. Auch den Jünger beschimpfte er, der jedoch gleich laut schallend lachte.
»Warum lachst du, wenn ich dich beschimpfe?«, wollte der Mann wissen.
»Weil ich«, so der Jünger, »für so etwas drei Jahre lang bezahlt habe, und jetzt gibst du mir solches umsonst.«
»Trete ein in die Stadt«, sagte der Mann, »sie gehört dir.«

Es ist zwar unwahrscheinlich, dass du auf Reisen häufig beschimpft wirst, aber diese skurrile Analogie gilt noch immer. Wenn du Beschimpfungen vergnüglich finden kannst – wenn du lernst, über Dinge, die dich normalerweise wütend gemacht hätten, zu lachen – dann steht die Welt dir, dem interkulturellen Reisenden, tatsächlich offen.

Wenn es eine Gefahr gibt, die kulturelle Aufgeschlossenheit und Demut mit sich bringen könnte, dann ist es die Leichtigkeit, mit der sie dich mitreißen kann. Manchmal mögen dir das einfache Leben, auch das in Armut, und die Reinheit anderer Kulturen so verführerisch erscheinen (denn es kommt ja dem, was du als Weltenbummler suchst, so nahe), dass du versucht sein wirst, deine eigene Kultur zugunsten exotischer, neuer Ideale aufzugeben. Dieser naive Drang, sich voll und ganz den vermeintlichen Tugenden anderer Kulturen zu verschreiben – im 19. Jahrhundert als »romantischer Primitivismus« bekannt – fand seinen Höhepunkt Ende der 1960er-Jahre mit dem Exodus der Hippies aus dem Westen nach Indien. Zwei Jahrzehnte später befand die indische Schriftstellerin Gita Mehta, diese suchenden Hippies seien doch bloß verwirrte Witzbolde, die »Orgien der Zügellosigkeit« für mystische Offenbarungen hielten. Ein vernichtendes Urteil.

»Was für ein Auftreten«, schrieb Mehta in *Karma Cola.* »Tausende und Abertausende dieser Leute klapperten mit Becken, klingelten mit Glöckchen. sangen, tanzten und sprachen in fremden Zungen … eine Karawanserei libertärer Zelebranten, die jede Eigenheit von gesellschaftlicher Klasse, Rasse und Geschlecht durch blankes, bekifftes Unverständnis beiseitewischte. Das Verführerische lag im Chaos. Sie dachten, wir seien einfach. Wir dachten, sie seien neon. Sie dachten, wir seien tiefgründig. Wir wussten, dass wir provinziell waren. Jeder dachte, alle anderen seien unglaublich exotisch, und jeder hatte unrecht.«

Tourismusforscher sehen die Ursache solcher unausgegorenen kulturellen Manien in dem sich ständig verändernden (und teilweise entfremdenden) Erscheinungsbild der modernen Gesellschaft. Indem sie sich bemühen, Teil der traditionelleren Gesellschaften zu werden, so die Wissenschaftler, versuchen moderne Reisende, ihr Gefühl für Authentizität und die verloren gegangenen Verbindungen zur eigenen Vergangenheit wiederzufinden. Mittlerweile hat sich um diese sentimentale Faszination für abgeschottete Gesellschaften eine komplette »Ethno-Touristik«-Industrie entwickelt. In der Amazonasregion kampieren Touristen unter Führung tagelang im Dschungel, um mit steinzeitlich lebenden Stämmen zu interagieren. In Grönland zahlen Reisekunden Höchstpreise, um mit den Inuit auf eine traditionelle Robbenjagd gehen zu dürfen. Im Südpazifik sind fast vergessene Tanztraditionen einzig deshalb wiederbelebt worden, um Urlaubern Unterhaltung zu bieten.

> **Menschen, die auf längere Reisen gehen, tun dies im Allgemeinen in der Absicht, regionale Vorurteile wegzuwischen ... und um diese erweiterte und objektive Sicht auf Menschen und Dinge zu erlangen, die kein einzelnes Land bieten kann.**
>
> JOSIAH TUCKER, *INSTRUCTIONS FOR TRAVELLERS*

Diese touristische Faszination mit dem Exotischen hat zwiespältige Resultate hervorgebracht. Wenn abgeschottete Kulturen mit modernen Besuchern in näheren Kontakt kommen, wird es natürlich immer wahrscheinlicher, dass sie auch die Annehmlichkeiten des modernen Lebens haben wollen. Je mehr Radios und Motorräder diese ethnischen Enklaven erwerben, desto weniger »authentisch« scheinen sie zu wirken – und verlieren damit für Touristen ihren Reiz. An Orten wie Bali helfen sich volkstümliche Dörfer inzwischen mit einer »Bühnenauthentizität« (und verstecken ihre Fernseher und tauschen ihre T-Shirts gegen volkstümliche Kleidung, sobald sich ein Touristenbus nähert), nur um ihre vom Tourismus abhängigen Einnahmen abzusichern. Balinesische Dorfbewohner sind zwar auch in Jeans gekleidet immer noch Balinesen, aber das passt eben nicht zu den Wünschen des Ethno-Tourismus. So kommt es letztendlich zu dem surrealen Szenarium, dass Touristen aus Los Angeles nach Thailand reisen, um relativ modern lebende Hmong-Dorfbewohner zu sehen, die sich extra zu diesem Anlass traditionell kleiden. Dieselben Touristen kämen aber nie auf den Gedanken, eine Gemeinde ähnlich modern lebender amerikanischer Hmong in Los Angeles zu besuchen. Der Historiker Dagobert Runes bemerkt dazu spöttelnd: »Die Leute reisen an weit entfernte Orte, um sich ganz fasziniert genau die Art Leute anzuschauen, die sie zu Hause ignorieren«.

Oder, um einen Scherz aus der Sitcom-Serie *Seinfeld* zu paraphrasieren: Viele Ethno-Touristen fahren nicht um die Welt, um mit exotischen Völkern zu interagieren, sondern mit exotischer *Kleidung*.

Wenn du auf deinen Reisen wirklich mit den Menschen kommunizieren willst, musst du lernen, andere Kulturen nicht als Schnappschüsse aus Zeitschriften wie *National Geographic* zu betrachten, sondern als *Nachbarn*. Und wie mit den Nachbarn in deinem Heimatort ist auch die Kommunikation mit den Menschen ferner Länder keine Einbahnstraße. So exotisch dir ein sibirischer Tschuktsche oder ein namibischer Buschmann auch vorkommen mögen: Es ist gut möglich, dass auch du auf sie einen exotischen Eindruck machst. »Die einfachste Gegebenheit im Leben unserer Nachbarn mag uns wie ein Märchen vorkommen«, schreibt Pico Iyer in *The Global Soul*. »Dabei vergessen wir, dass auch ihnen schon die kleinsten Einzelheiten unseres Lebens wunderbar erscheinen können. Eine der Wirkungen, die das Reisen an so fremdartige Orte hat, ist, dass man täglich daran erinnert wird, wie fremdartig man selbst dort wirkt.«

Diese gegenseitige Faszination wird deine Begegnungen unterwegs bereichern, denn sie ermöglicht es dir, beim Kennenlernen deiner globalen Nachbarn etwas über deine *eigene* Heimat zu lernen (oder auch zu lehren).

> Das Zuhause hinter sich zu lassen, hat etwas von einer Versöhnung, und wenn du dann unter Fremde kommst, bist du erstaunt, wie zurückhaltend sie zu sein scheinen. Niemand grinst oder klatscht über dich, niemand neidet dir deine Erfolge oder ergötzt sich an deinen Niederlagen. Du erlebst einen Neuanfang, eine Art Erlösung.
>
> GARRISON KEILLOR, *LEAVING HOME*

INTERKULTURELLE KOMMUNIKATION – FRAGEN & ANTWORTEN

WIE LERNE ICH UNTERWEGS EINHEIMISCHE KENNEN?

Es ist nicht schwer, als Weltenbummler Einheimischen zu begegnen. Von Gepäckträgern an Flughäfen bis zu Schäfern in entlegenen Bergregionen wirst du während deiner Reise ständig auf sie treffen. Es ist jedoch wichtig, im Hinterkopf zu behalten, dass die Art deiner Beziehung zu diesen »Nachbarn« nicht in jeder Situation die gleiche ist.

So wird zum Beispiel dein Geschlecht Auswirkungen darauf haben, wie die Leute auf dich reagieren. Zwar gilt fast alles, was ich in diesem Buch schreibe, gleichermaßen für Männer wie für Frauen, der interkulturelle Umgang ist jedoch eine wichtige Ausnahme. Das hat damit zu tun, dass Frauen häufiger das Opfer von Neugierde, Belästigung und Doppelmoral sind. Ganz normale Freundlichkeit und Augenkontakt können in traditionellen Kulturen von Männern falsch aufgefasst werden und in vielen Teilen der Welt wird weibliche Unabhängigkeit mit sexueller Laszivität verwechselt. Das ist zwar ungerecht, aber leider die Realität – weibliche Reisende sollten also auf der Hut sein. Die meisten guten Reiseführer enthalten auch kulturspezifische Ratschläge für weibliche Reisende, vor allem im Hinblick auf konservative Kleiderordnungen. Es mag zwar kein Vergnügen sein, in Ländern wie dem Iran einen Tschador zu tragen (erst recht, während Männer ihre normale westliche Kleidung tragen können), aber diese Erfahrung kann dir einzigartige Einblicke in das Leben von Frauen in jenem Teil der Welt gewähren. Zudem bietet die Zugehörigkeit zum weiblichen Geschlecht in konservativen Kulturen häufig auch Vorteile. Ich habe meinen fünfmonatigen Aufenthalt im Nahen Osten durchaus genossen, aber die Trennung der Geschlechter in muslimischen Ländern ermöglichte es mir nie zu erfahren, wie arabische Frauen leben und denken. Und so beneidete ich weibliche Reisende, die (trotz gelegentlicher Belästigung durch einheimische Schürzenjäger) spannende Begegnungen sowohl mit Männern als auch mit Frauen haben konnten.

Abgesehen von deinem Geschlecht wird dein Verhältnis zu den Einheimischen auch davon abhängig sein, wo du dich in einer Kultur als Reisende(r) aufhältst. Auf die Gefahr hin, extrem reduktiv zu klingen, möchte ich die gesellschaftlichen Hauptschauplätze für Reisende in jedem Kulturbereich in zwei Kategorien teilen: touristische und nicht-touristische Gegenden. Beide bieten gute Gelegenheiten für einen authentischen zwischenmenschlichen Umgang, aber es ist wichtig, zwischen diesen beiden Bereichen unterscheiden zu können, denn die Menschen neigen dazu, dich im jeweiligen Umfeld anders zu sehen. Die grundlegenden Benimmregeln der jeweiligen Kultur gelten natürlich für beide Bereiche. (Und jeder gute Reiseführer enthält kulturspezifische Informationen zu lokalen Umgangsformen inklusive Körpersprache, Kleidungsregeln, Trinkgelder und Tischetikette.)

WAS SIND »TOURISTISCHE GEGENDEN« UND WIE BEEINFLUSSEN SIE MEINE BEZIEHUNG ZU DEN EINHEIMISCHEN?

Egal, ob du dich selbst als »Tourist« siehst oder nicht (im Gegensatz zu einem »Reisenden« – eine absurde Unterscheidung, auf die ich später noch zu sprechen komme): Du wirst gar nicht darum herumkommen, viel von deiner Reisezeit an von Touristen frequentierten Orten zu verbringen, zu denen Flughäfen, Hotels, Bus- und Bahnstationen, Stadtzentren, historische Stätten, Naturparks, Nationaldenkmäler und alle möglichen anderen Orte gehören, an denen eine große Zahl an Reisenden zusammenkommt.

In diesen Touristengegenden werden sich viele Einheimische besonders freundlich zeigen, um dich als Gast für ein bestimmtes Hotel zu gewinnen oder um dir Andenken zu verkaufen. Das kann zwar entnervend sein, ist aber nicht unbedingt gleich eine kalkulierte kapitalistische Gaunerei. Letztendlich hat sich die offizielle Touristikindustrie aus traditioneller Gastfreundschaft entwickelt und viele der Ortsansässigen haben durchaus ein aufrichtiges Interesse an dir, auch wenn sie versuchen, dir etwas zu verkaufen. So werden zahlreiche deiner ersten Kontakte unterwegs zu Einheimischen entstehen, die einen Dienst anbieten – Taxifahrer, Hotelangestellte, Ladeninhaber. Viele dieser Leute mögen dich natürlich vor allem wegen deines Geldes (schließlich ernähren sie mit diesem Geld ihre Familien), doch manche haben auch als wirkliche Freunde und kulturelle Gastgeber viel zu bieten. Unter allen Einheimischen, mit denen ich in Ägypten etwas unternahm, war mein aufrichtigster Freund ein Hotelangestellter, der mich in seiner Freizeit zu Kinos und auf Märkte begleitete. Von allen Leuten, denen ich in Burma begegnete, lernte ich das meiste über die örtliche Kultur von einem Rikschafahrer, der mich (nachdem er mir auf einer bezahlten Tour das Sagaing-Viertel gezeigt hatte) zu sich nach Hause mitnahm, um mir seine Familie vorzustellen, und dann darauf bestand, dass ich kostenlos in einem Kloster in der Nachbarschaft übernachte.

Natürlich wird, allein schon aufgrund der schieren Touristenzahlen, nicht jeder Hotelangestellte oder Rikschafahrer an einer echten Freundschaft interessiert sein.

»Tourismus kann eine Brücke zur Anerkennung kultureller Relativität und zu internationaler Verständigung sein«, schrieb Valene L. Smith in *Hosts and Guests: The Anthropology of Tourism*. »Gleichwohl ist die Versorgung von Gästen eine sich ständig wiederholende, monotone Arbeit und auch wenn die Fragen jedem Gast, der sie stellt, ›neu‹ erscheinen mögen, kann das für die Gastgeber so langweilig werden, als kämen die Fragen vom Band.« Darüber hinaus kann man nicht unbedingt voraussetzen, dass im Umgang mit Menschen in der Fremde Interaktionen stets besser sind als Transaktionen. Untersuchungen in Australien haben ergeben, dass den Aborigines der unpersönliche Umgang mit Massentouristen lieber ist als der mit aufgeschlossenen Wanderern, denn Gäste, die in Busladungen herangekarrt werden, kaufen eher Andenken und stellen weniger nervende Fragen. »Sicherlich wissen wir die Motive und den guten Willen abenteuerlustiger Touristen zu schätzen, die enger mit den Völkern, die sie besuchen, zu tun haben wollen«, stellte der Tourismusforscher Erve Chambers fest. »Doch es kann entwaffnend sein, festzustellen, dass manche Touristen-Gastgeber zufriedener damit wären, nur das Geld der Touristen einzustecken – und sie dann schleunigst loszuwerden.«

Halte dich stets an die Regeln schlichter Höflichkeit, auch wenn sich deine Kommunikation mit Einheimischen auf unpersönliche Transaktionen beschränkt. Lass deine Lachmuskeln spielen, sei charmant und versuche, deine eigenen kulturellen Erwartungen, wie die Leute dich behandeln sollten, zu vergessen. Schließlich sind die meisten Kulturen im Hinblick auf Kundenservice nicht mit den rigorosen westlichen Standards vertraut und nur wenige Menschen machen aus persönlichen »Rechten« einen solchen Fetisch wie wir im industrialisierten Westen. Versetze dich in die Lage eines Einheimischen, bevor du ihn nach seinem Tun beurteilst, und verliere nicht deine Gelassenheit, wenn im Restaurant eine Bestellung mal missverstanden wird oder ein Bus Verspätung hat. Selbst wenn man sich mit aufdringlichen Verkäufern oder aggressiv auftretenden Gepäckträgern konfrontiert sieht, ist ein bestimmtes, aber höfliches »Nein danke« allemal besser als eine zornige Zurückweisung. Bemühe dich, in anderen Kulturkreisen nie deine Beherrschung zu verlieren – egal wie müde oder frustriert du bist –, denn das würde deine Situation nur verschlimmern. Versuche das, was du erreichen oder haben willst, nicht durch Herumkommandieren oder Manipulationen durchzusetzen (und lass natürlich auch nicht zu, dass der Verkäufer dich herumkommandiert, manipuliert oder dir ein schlechtes Gewissen einredet, damit du etwas kaufst, was du nicht willst). Sollten alle Stricke reißen, ignoriere denjenigen, der dich belästigt, einfach.

Viel von der Verwirrung und Missstimmung, die zwischen Reisenden und Einheimischen aufkommen kann, dreht sich ums Geld. Entsprechend wichtig ist es, beim Vagabonding zwar sparsam zu sein, aber das Reisebudget auch nicht zwanghaft zusammenzuhalten. Es ist gut, gewissenhaft mit seinem Geld umzugehen, aber es ist etwas anderes, sich in Ländern, in denen das jährliche Grundeinkommen niedriger ist als der Preis für dein Rückflugticket, hartnäckig um den niedrigstmöglichen Preis zu streiten. Es gibt kaum etwas Lächerlicheres als einen »Billigreisenden«, der sich mit einem Rikschafahrer, der ihn zu einer Bar bringen soll, in der er zehn Dollar für ein Bier verprassen wird, um zehn Cent für den Fahrpreis streitet. Mach dir bewusst, dass du, wo auch immer du hingehst, eine ökonomische Dynamik vertrittst – und dass das zwanghafte Vermeiden von Ausgaben keine Tugend an sich darstellt (vor allen Dingen, wenn viele dieser Ausgaben einheimischen Familien zugutekommen). Einerseits ist es wichtig, die geltenden Preise für lokale Produkte und Dienstleistungen zu kennen, denn eine ständige Überzahlung wird (obgleich die Preise verglichen mit denen zu Hause niedrig zu sein scheinen) den Verkäufer nur irritieren und die Preise für andere Reisende in der Folge in die Höhe treiben. Andererseits fällt es schwer, mit einem Reisenden aus der Ersten Welt zu sympathisieren, der sich in einem Dritte-Welt-Land einen Verlängerungsmonat zusammenspart, indem er im Wald schläft und per Anhalter fährt. (Dann ist es schon besser, diesen Monat wieder zu Hause zu verbringen, Lebensmittelvorräte zu plündern und Geld für einen Trip zu sparen, der dann Busfahrern und Zimmermädchen vor Ort zugutekommt).

Wenn es eine Faustregel gibt, wie man unterwegs kostenbewusst mit seinem Geld umgehen kann, dann die, auf das Ausgabeverhalten der Einheimischen zu achten. Das wird nicht nur dein Bewusstsein für die lokalen Preise und Prozeduren schärfen, sondern dir auch kulturspezifische Hinweise zu allem Möglichen vermitteln, vom Feilschen um günstige Preise bis zum Umgang mit Bettlern. Selbst wenn du als Auswärtiger gelegentlich »geneppt« wirst, denke daran, dass sogar dies Teil einer uralten Tradition ist. Interkultureller Handel ist auf unserem Planeten eine der ältesten Formen friedlichen Austauschs, und auch wenn man mal (wie es mir in der Mongolei passiert ist) beim Kauf einer Dämonenmaske drei Dollar zu viel hinlegen muss, ist das sicherlich besser als gewisse historische Alternativen wie die, am Stadttor in Stücke gehackt zu werden.

WIE SIEHT ES MIT BEGEGNUNGEN IN NICHT-TOURISTISCHEN GEGENDEN AUS?

Der heikelste Aspekt bei Besuchen an Orten abseits der Touristenzonen ist nicht das Interesse der Einheimischen an deinem Geld, sondern ihr mögliches Interesse *an dir*. In Gegenden, in denen sich nur wenige Ausländer sehen lassen, wird deine Präsenz den Betrieb auf den Straßen buchstäblich zum Erliegen bringen. Kinder kreischen los und zeigen auf dich. Teenager rufen dir mit albernen Singsang-Stimmen ein »Hello« zu. Erwachsene starren dich ob deiner fremdartigen Hautfarbe, deiner Haare, Größe oder Kleidung verwundert an. Wenn du eine Pause einlegst, um dich auszuruhen oder etwas zu essen, wird sich eine Menschentraube um dich scharen und dein Verhalten fasziniert beobachten. Manchmal wird die Tatsache, dass die Menschen sich über Stunden so sehr für dich interessieren können, dich irritieren – und erschöpfen. Als ich einmal die nordwestlichen Grenzregionen von Kambodscha bereiste, genoss ich in einem Dorf namens Opasat vier Tage lang einen solchen Prominentenstatus. Eine ältere Dorfbewohnerin war von der Begegnung mit mir so fasziniert, dass sie mir meine Sandalen in Schuhgröße 13 auszog und begann, an meinen Zehen zu ziehen. Zuerst dachte ich, das sei eine Art Massagetechnik, bis sie in mein Hemd griff und begann, an meinen Brusthaaren zu zupfen.

Natürlich wird nicht jede Begegnung außerhalb von Touristenregionen solch eine anthropologische Neugierde mit sich bringen. Manche der Leute, die sich für dich interessieren, werden städtische Einheimische sein, die zur Mittelklasse gehören und einfach nur neugierig auf deine Ansichten zu Sport, Politik oder Popkultur sind. Auch wenn Einheimische, die westliche Kleidung tragen und Hip-Hop-Slang ins Gespräch einfließen lassen, nicht unbedingt deinen exotischen Reisefantasien entsprechen, sind sie dennoch ein authentischer Teil der Kultur deiner Gastgeber. Trotz aller Globalisierungsängste haben Air-Jordan-Sneakers und das überall präsente Internet die Angehörigen der Mittelklassen in aller Welt nicht in roboterhafte amerikanische Klone verwandelt – und ein Buchhalter aus Lima kann dir einen Eindruck von Peru vermitteln, der genauso authentisch ist wie das, was dir sein Kartoffeln anbauender Landsmann in den Anden zu bieten hätte. Tatsächlich gehören unterwegs Begegnungen mit Einheimischen, die dem gleichen Beruf wie du nachgehen, manchmal zu den interessantesten. Egal, ob du Student, Webdesigner oder Lastwagenfahrer bist: Es ist immer spannend (und lehrreich), eine Freundschaft mit einem Einheimischen einzugehen, der deine beruflichen Interessen teilt. Als ehemaliger Lehrer stellte ich fest, dass sich einige meiner besten Reiseerfahrungen in Ländern wie Ungarn, im Libanon oder auf den Philippinen ergaben, als mich örtliche Lehrer einluden, am Englischunterricht in ihren Klassen zu partizipieren.

Du wirst staunen, wie oft du Einheimische kennenlernen kannst, indem du einfach nur lächelnd herumspazierst, doch das ist natürlich nicht immer eine sichere Methode, um in einer fremden Umgebung mit Menschen in Kontakt zu treten. Gelegentlich werden die Einheimischen zurückhaltend oder abgelenkt sein, weshalb es gut zu wissen ist, wie man sie ansprechen kann. Eine einfache Möglichkeit besteht darin, auf Leute aus dem Ort zuzugehen und sie nach einem guten Restaurant zu fragen. Selbst wenn sie dich nicht verstehen, werden die meisten interessiert reagieren und versuchen zu helfen (häufig rufen sie auch den besten Englischsprecher aus der Nachbarschaft herbei – in der Regel einen jungen Studenten oder eine weit gereiste ältere Person). Orte, an denen man in der Öffentlichkeit zusammenkommt, wie Cafés, Bars und Teeläden, sind immer gute Stätten, um sich unter Einheimische zu mischen und mit ihnen zu kommunizieren, denn Koffein und Alkohol regen Menschen zum Plaudern oder zu Offenheit an. Auch Sport und Musik bieten gute Kontaktmöglichkeiten, falls du bereit bist, deine musikalischen oder sportlichen Fähigkeiten (oder ihr Fehlen) an Straßenecken oder auf provisorischen Spielfeldern zu teilen. In Thailand habe ich zahllose Volleyballspiele auf diese Weise verloren – aber eine Menge Freunde gewonnen.

Viele nutzen eine Kamera, um in öffentlichen Situationen das Eis zu brechen – bevor man jemanden fotografiert, sollte man allerdings immer um Erlaubnis fragen (und brich nie dein Versprechen, wenn du jemandem zugesichert hast, einen Abzug zu schicken!). Sorge aber gleichzeitig auch dafür, dass du Fotos von dir, deinem Heimatort und deiner Familie dabeihast, die du unterwegs Leuten zeigen kannst. Solche Fotos eignen sich nicht nur gut als Gesprächsthema (oder Andenken, falls du mehrere Exemplare mitführst), sie können dich auch Menschen näherbringen, die dich sonst vielleicht als eine Art Kuriosität betrachten. Als ich einmal in einem Sammeltaxi durch die Wüste im Westen Ägyptens fuhr, saß neben mir ein strenggläubiger muslimischer Herr, der mich immer wieder wegen der »dekadenten« westlichen Wertvorstellungen beschimpfte. Als ich merkte, dass sich meine verbale Verteidigung des amerikanischen Lebens als zwecklos erwies, wechselte ich das Thema und zog Fotos meiner Eltern, meines Großvaters und meiner kleinen Neffen hervor. Es dauerte nicht lange, da stellte mir der Herr ernsthafte und ausgesprochen freundliche Fragen zum Leben in den Vereinigten Staaten. Während ich für ihn zuerst nur wieder irgendein sonnengebräunter Ungläubiger in Wandershorts war, schufen meine Fotos eine Gemeinsamkeit, weil sie zeigten, dass mir meine Familie ebenso viel bedeutete wie ihm seine.

Eine andere narrensichere Methode, unterwegs mit Einheimischen in Kontakt zu kommen, ist, sich auf ein Spielchen mit Kindern einzulassen. Im Gegensatz zu Erwachsenen lassen sich Kinder durch Sprachbarrieren nicht einschüchtern und reagieren in der Regel fröhlich kichernd auf deine Grimassen, gehen spontan auf dein Spielen ein oder singen einfache Lieder mit. (Im Umgang mit Kindern solltest du daran denken, dass deine Zeit und deine Energie die schönsten Geschenke sind, die du ihnen machen kannst. Manche Reisende verschenken Süßigkeiten oder Stifte an Kinder und meinen vielleicht, sie würden damit guten Willen zeigen oder die Alphabetisierung fördern, doch stattdessen ermutigt ein solches Verhalten die Kinder nur dazu, den nächstbesten Reisenden, der ihnen begegnet, um Süßigkeiten oder Stifte anzubetteln.)

WIE ÜBERBRÜCKE ICH AUF REISEN DIE »SPRACHKLUFT«?

Ein großer Vorteil des Reisens im 21. Jahrhundert ist der Umstand, dass sich Englisch in weiten Teilen der Welt zur *Lingua franca* entwickelt hat. Auch wenn man nicht immer jemanden findet, der es fließend spricht, so kann man doch zumeist damit rechnen, dass irgendein Einheimischer (oft ein Student) wenigstens ein paar Sätze auf Englisch beherrscht. Wenn du Englisch mit jemandem sprichst, der es nicht gut versteht, denke bitte daran, dass du durch Lautstärke nicht besser verstanden wirst. Bemühe dich stattdessen lieber darum, *langsam, einfach* und *deutlich* zu sprechen. Und wenn du Leuten zuhörst, die kein fließendes Englisch sprechen, sei geduldig und versuche, falsch ausgesprochene Wörter aus dem Zusammenhang des Gesagten zu erraten. Vergiss nicht, dass viele Leute Englisch nur aus Lehrbüchern kennen – nicht als gesprochene und gehörte Unterhaltung – und deshalb vielleicht nicht wissen, wie die Wörter korrekt ausgesprochen werden. Versuche, ein Gehör für unvollkommenes »Tarzan«-Englisch zu entwickeln, und bedenke, dass es wahrscheinlich verständlicher ist als deine »Tarzan«-Version der lokalen Sprache. Mach den Leuten, die sich tapfer (und hilfsbereit) bemühen, ihr Englisch an dir auszuprobieren, Komplimente und versuche, ein Gespür für interkulturelle Plauderei (über einfache Themen, zu denen jeder einen Bezug hat, wie Familie, Essen, Hobbys sowie Liebesleben oder Familienstand) zu entwickeln.

Auch kleine Sprachführer können für interkulturelle Kontakte nützlich sein; man kann komplette (wenn auch langsam vorankommende) Gespräche bestreiten, indem man zwischen den Seiten des Sprachführers hin und her blättert. Und ungeachtet deines Talents, dir neue Sprachen anzueignen, ist es nie zu schwer, sich wenigstens ein paar Wörter und Sätze der Sprache des Gastlands zu merken. Entspannte Nachmittage oder lange Busfahrten bieten gute Gelegenheiten, mit dem Vokabellernen anzufangen. Zu nützlichen Anfangssätzen gehören Wörter wie *hallo, bitte* und *danke, ja* und *nein*, die Zahlen von eins bis zehn, dazu 100 und 1000, Wendungen wie *Wie viel …?, Wo ist …?* und *Kein Problem!* Hilfreich sind zudem auch die Wörter für *Hotel, Busstation, Restaurant, Toilette, gut, schlecht* und *Bier*. Jede lokale Redewendung, jeder Slangausdruck, den du aufschnappen kannst, wird die Einheimischen ergötzen (solange du nichts Gotteslästerliches oder Beleidigendes lernst). Auch mit improvisierter Zeichensprache oder mit Grimassen kommt man weiter. Aber ganz gleich, ob du dich in verbaler oder in visueller Kommunikation versuchst: Deine Bemühungen werden garantiert viel Gelächter provozieren – sei also bereit mitzulachen!

WIE REAGIERE ICH AUF EINLADUNGEN?

In Touristengegenden sollte man auf solche Einladungen argwöhnisch reagieren, um nicht Opfer eines Nepps (oder zumindest eines lästigen Ausflugs zum Souvenirladen des »Onkels« deines Gastgebers) zu werden. In konservativen Kulturen sollten auch allein reisende Frauen Einladungen mit extremer Vorsicht behandeln.

In den meisten anderen Situationen allerdings gehört Gastfreundschaft zu den Grundwerten zwischenmenschlicher Kommunikation – und es lohnt sich immer, mit örtlichen Gastgebern gemeinsam zu essen oder zusammen einen Abend zu verbringen. Interessanterweise habe ich festgestellt, dass die meisten solcher Einladungen von Menschen oder Familien ausgesprochen werden, die selbst einen vergleichsweise niedrigen Lebensstandard haben. Da das Bewirten eines relativ wohlhabenden Gastes für diese Menschen eine Ehrensache ist, beleidige sie bitte nicht mit einer überheblich-schuldbeladenen Ablehnung oder dem angeberischen Angebot, die Rechnung zu übernehmen. Nimm stattdessen ihr Angebot an, bring dann aber ein einfaches Geschenk mit (das kann etwas vom lokalen Markt oder aus einem Getränkeladen oder auch ein kleines Andenken aus deiner Heimat sein). Wenn du deine Geschenke mit Kindern teilen willst, bitte zuerst die Eltern um Erlaubnis. Sei deinen Gastgebern und ihrer Kultur gegenüber einfühlsam und respektvoll und weise aus Höflichkeit einen Schluck Arak oder einen Löffel Ziegeneintopf nicht zurück, auch wenn du normalerweise Abstinenzler oder Vegetarier bist. Und nutze die gute Sitte der Gastfreundschaft niemals aus; es ist entmutigend zu erleben, wie Reisende die Gastfreundschaft der Einheimischen ausbeuten oder sie für selbstverständlich halten.

Lerne als Weltenbummler und Gast eines Kulturkreises, das, was du bekommen hast, zurückzugeben, indem du auf Bedürftigkeiten achtest und dich selbst auf deinem Trip von Ort zu Ort gelegentlich großzügig verhältst (auch gegenüber anderen Reisenden). Die Ungarn, die mich beim Trampen durch Osteuropa mitnahmen, ließen mich zum Beispiel nie einen Benzinanteil zahlen, aber ihre Großzügigkeit spornte mich dazu an, einem japanischen Rucksackreisenden, der seinen Geldgürtel in Wien verloren hatte, 20 Euro in die Hand zu drücken. Vielleicht wird der japanische Reisende diese Hilfsbereitschaft ja bei nächstbester Gelegenheit einem anderen gegenüber zeigen. Versuche also, auch auf indirekte Weise, auf Reisen so viel wie möglich von dem zurückzugeben, was dir gegeben wurde – auch wenn das bedeutet, dass du als großzügiger Mensch nach Hause zurückkehrst.

WAS, WENN DU GENUG DAVON HAST, SO VIELE LEUTE KENNENZULERNEN?

Wenn du genug von exotischer Gesellschaft hast, leg eine Pause ein. Häng eine Weile mit anderen Reisenden ab oder zieh dich mit einem guten Buch zurück. Einheimische kennenzulernen kann bereichernd sein, aber das heißt nicht, dass du an jedem Ort zwanghaft nach Freundschaften suchen musst. Lass die Dinge einfach geschehen. Lass deine zwischenmenschlichen Kontakte auf einer direkten, persönlichen Ebene ablaufen und sammle solche Erlebnisse nicht wie Souvenirs. Selbst wenn du dich mit einem Mal in einer gesellschaftlich außergewöhnlichen Situation wiederfindest (beim Frühstück mit Bollywood-Stars, beim Mittagessen mit Guerillakämpfern im Kongo oder bei einem Abendessen mit Kopfjägern in Papua), solltest du versuchen, den Moment zu genießen, anstatt darüber nachzudenken, wie du das Erlebte zu Hause ausschlachten kannst.

Mit einer solchen Einstellung wirst du nicht nur ein besserer Nachbar sein, sondern auf deinen Entdeckungsreisen an fremde Orte auch nie Heimweh bekommen.

EMPFEHLUNGEN

KULTURSCHOCK

- Kulturelle Aufgeschlossenheit kann auf Reisen eine ziemliche Herausforderung sein. In manchen Kulturen ist es zum Beispiel höflich, bei einem Essen alles zu verzehren, was auf dem Teller liegt, während es in anderen Kulturen als höflich empfunden wird, wenn man nach Beendigung der Mahlzeit noch etwas auf dem Teller übrig lässt. Auch Körpersprache kann zu Irritationen führen, denn in manchen Kulturen wirst du als ungehobelt angesehen, wenn du mit deiner linken Hand isst, mit den Händen in den Hosentaschen vor jemandem stehst oder jemandem mit der nach oben zeigenden Handfläche zuwinkst. Ein guter Reiseführer wird auf diese Fallstricke hinweisen.

- Die meisten Kulturen sind viel konservativer als die unsrige und als Gast solltest du die örtlichen Benimmregeln beachten, auch wenn du ihnen sonst nicht zustimmen magst. Wahre an religiösen Stätten immer den Anstand, auch wenn du selbst nicht religiös bist. Und versuche, auch wenn du unterwegs in ein leidenschaftliches Liebesabenteuer geraten solltest, Bekundungen deiner Zuneigung in der Öffentlichkeit zu vermeiden.

- Wundere dich nicht, wenn dir Menschen in manchen Kulturen scheinbar zudringliche Fragen stellen. Themen wie Alter, Einkommen und Familienstatus sind in vielen Teilen der Welt kein Tabu. Reagiere also nicht beleidigt, wenn diese Themen in einem Gespräch aufkommen. Oft werden dich die Menschen fragen, was du von ihrem Land hältst. Da manche Leute auf deine Antwort empfindlich reagieren könnten, ist es das Beste, keine bestimmte Meinung kundzutun, sondern stattdessen Gegenfragen zu ihrer Kultur zu stellen. Die meisten Menschen werden sich von deiner Neugierde geschmeichelt fühlen und dir gerne etwas über ihr Heimatland erklären.

- Wenn du einen Migrationshintergrund hast und dich stark mit deinen familiären Wurzeln identifizierst, kann eine Reise in das Heimatland deiner Vorfahren einen besonders großen Kulturschock auslösen. Die Wahrscheinlichkeit ist sehr groß, dass dir deine ethnische Heimat viel *fremder* vorkommen wird, als du es erwartet hättest. Viele in den USA geborenen Reisende, die nostalgische Pilgerfahrten »heim« nach Polen, Korea oder Mexiko unternehmen, erhalten dort in der Regel eine anschauliche Lektion darüber, wie amerikanisch sie sind.

INTERKULTURELLE THEMEN

Reise Know-How KulturSchock-Reiseführer (Reise Know-How)
Die Bücher dieser Reihe bieten einen Crashkurs zu lokalen Sit-

ten und Benimmregeln für Dutzende einzelner Länder auf der ganzen Welt. Zu den angesprochenen Themen gehören politische Traditionen, religiöse Praktiken, Währungen, Körpersprache und wie man Freundschaften schließt.

Multicultural Manners: Essential Rules of Etiquette for the 21st Century, von Norine Dresser (Wiley, 2005, E-Book und Druck, Englisch)
Ein informativer und unterhaltsamer Führer für korrektes Benehmen in einer großen Vielfalt interkultureller Situationen.

Reden mit Händen und Füßen, von Roger E. Axtell (Droemer Knaur, 1994, Druck)
Nützliche Informationen zu Gesten, die im Ausland beleidigend oder anstößig wirken können.

In 80 Fettnäpfchen um die Welt: Die Knigge für Weitgereiste, von Francoise Hauser (Malik, 2016, Druck)
Ein humorvoller Knigge über Benimmregeln auf der ganzen Welt, die Besonderheiten der verschiedenen Länder und Regionen aufzeigt.

Benimmregeln auf Reisen (www.benimmregeln-reise.de)
Sammlung zu Sitten, Bräuchen, Regeln, Skurrilem auf der ganzen Welt.

WEIBLICHE WELTENBUMMLER

Natürlich können weibliche Weltenbummler die gleichen Orte besuchen und unterwegs die gleichen Dinge unternehmen wie ihre männlichen Pendants. Davon zeugt eine umfangreiche Literatur (siehe Seite 180 f.) und in jeder beliebigen Reisedestination der Welt wird man ein relativ ausgeglichenes Verhältnis von männlichen und weiblichen

Weltenbummlern vorfinden. Nichtsdestotrotz werden Frauen auf Reisen mit ein paar spezifischen Herausforderungen konfrontiert.

SICHERHEIT

- Die meisten Straßen im Ausland sind genauso sicher oder sogar sicherer als bei dir zu Hause. Doch wie daheim auch solltest du darauf achten, wo du herumläufst. Lies in deinem Reiseführer nach, welche Gegenden du meiden solltest, hör auf mündliche Empfehlungen und wandere abends nie allein umher. Sei, vor allem nachts, immer wachsam und achte auf deine Umgebung.

- Tritt immer selbstsicher auf, auch wenn du es nicht bist. Benimm dich nicht so, als hättest du dich verirrt (auch wenn dies gerade der Fall ist), und bleib nicht mit dem Stadtplan in der Hand mitten auf der Straße stehen, denn potenzielle Kriminelle und Gauner werden das als Einladung betrachten, dir zu »helfen«.

- Wenn du allein reist, reagiere mit Vorsicht auf Einladungen, vor allem, wenn diese dich von sicheren öffentlichen Gegenden entfernen. Schließe immer deine Zimmertür im Hotel ab und sei misstrauisch, wenn jemand spät am Abend an deiner Tür klopft.

- Gruppen bieten immer eine gewisse Sicherheit. Auch wenn du als Frau allein reist, ist es selten schwer, einen anderen Reisenden (ob männlich oder weiblich) als Begleitung zu finden, falls du das Bedürfnis dazu hast.

UMGANG MIT MÄNNERN

- Die meisten Männer in Kulturen auf der ganzen Welt verhalten sich weiblichen Reisenden gegenüber ehrenwert und respektvoll, doch die wenigen widerlichen Ausnahmen werden immer auffallen. Früher oder später *wirst* du belästigt werden, sei also bereit, eine solche Belästigung auf nüchterne Art und Weise abzuwenden – und lass dich davon emotional bloß nicht aufwühlen.

- Die beste Möglichkeit, in konservativen Kulturen Belästigungen zu entgehen, ist, die lokalen Kleidungsvorschriften einzuhalten. Darüber hinaus schadet es nicht, sich mit Freundlichkeitsbezeugungen etwas zurückzuhalten, denn manchmal kommen Männer durch ein freundliches Lächeln oder ein reflexartiges »Danke schön« auf falsche Ideen. Sollte ein Mann einen unerwünschten Annäherungsversuch machen, wehre ihn deutlich und unmissverständlich ab. Wenn er beharrt oder aggressiv wird (und vor allem versucht, dich anzufassen), wird ihm ein lautes, verärgertes »NEIN!« peinlich sein, weil dadurch die öffentliche Aufmerksamkeit auf sein Verhalten gezogen wird. Oft kannst du eine ungewollte Zuwendung beenden, wenn du erwähnst, dass dein großer, kräftiger Freund jeden Moment zurückkommt. Auch wenn ein solcher Freund nicht existiert, wird es dein Peiniger eher nicht darauf anlegen, ihm zu begegnen.

- An den meisten touristischen Schauplätzen (vor allem an Stränden) treiben sich zahlreiche lokale Casanovas herum, die darauf aus sind, dir mit Liebeserklärungen den Kopf zu verdrehen. Falls du auf eine Affäre aus bist, ist das okay. Aber lass dich bloß nicht mit Charme und Komplimenten in eine unangenehme Situation bringen. Männer, die systematisch Touristinnen anmachen, beherrschen ihre Masche perfekt. Pass also auf deinen Geldbeutel und dein Herz auf.

UMGANG MIT EINHEIMISCHEN FRAUEN

- Setze nie voraus, dass du einheimischen Frauen mehr beizubringen hast als sie dir. Feministische Theorien sind in konservativen Kulturen eher unbrauchbar. Die beste Möglichkeit, mit einer Einheimischen einen gemeinsamen Nenner zu finden, ist, ihr zuzuhören und zu versuchen, ihre Weltsicht und ihren Lebensstil zu verstehen.

- Manchmal kannst du einheimische Frauen schlicht dadurch befremden, dass du in der Öffentlichkeit zu offen und frei auftrittst. Achte also darauf, wie sich die Frauen in deiner Gastgeberkultur kleiden und

Männern gegenüber verhalten, und versuche, es ihnen gleichzutun. Eine Frau wird viel eher dazu bereit sein, sich dir gegenüber gastfreundlich zu verhalten, wenn sie sicher sein kann, dass du nicht irgendein ausländisches Flittchen bist, das darauf aus ist, die Männer ihrer Familie in Versuchung zu bringen.

INFORMATIONSQUELLEN FÜR WEIBLICHE REISENDE

Gutsy Women: More Travel Tips and Wisdom for the Road, von Marybeth Bond (Traveler's Tales, 2007, Druck, Englisch)
Handlicher Führer mit Reisetipps für Frauen unterwegs, inklusive Reiseskizzen und Ratschlägen zu Themen wie Sicherheit und Reisebudget.

A Woman Alone: Travel Tales from Around the Globe, herausgegeben von Faith Conlon, Ingrid Emerick, Christina Henry de Tessan (Seal Press, 2001, Druck, Englisch)
Eine Anthologie mit 29 Reisegeschichten über allein reisende Frauen.

Transitions Abroad's Women Travel Portal (www.transitionsabroad.com/listings/travel/women/index.shtml)
Ausführliche Aufstellungen von Links, Informationsquellen und Artikeln zum Thema Frauen auf Reisen.

The Gutsy Traveller (gutsytraveler.com)
Die Website der Reiseexpertin Marybeth Bond. Mit Tipps, Ideen, Statistiken und einem Blog.

Frauen gehören nach oben: Die geheimen Ticks und Tricks reisender Frauen und Abenteurerinnen, von Mick Conefrey (Malik, 2010, E-Book und Druck)
Eine unterhaltsame Lesereise über legendäre Abenteurerinnen und ihre kleinen Geheimnisse.

Der große Trip: Tausend Meilen durch die Wildnis zu mir selbst, von Cheryl Strayed (Goldmann Verlag, 2014, E-Book und Druck)
Bericht über die Wanderung von Cheryl Strayed durch die USA, bis an ihre Grenzen und darüber hinaus.

Eine einzige Reise kann alles verändern, von Katja Büllmann (Piper Verlag, 2007, Druck)
15 Geschichten von Frauen, die sich auf unterschiedlichen Wegen und mit unterschiedlicher Zielsetzung aufgemacht haben in die Welt.

Pink Compass (www.pinkcompass.de)
Reiseblog für allein reisende Frauen.

LGBTQ-INFORMATIONSQUELLEN

The Best Resources for Gay Travel (www.travelchannel.com/interests/travel-tips/articles/the-best-resources-for-gay-travel)
Vom Travel Channel zusammengestellte Liste von Informationsquellen.

Purple Roofs (www.purpleroofs.com)
Seit 1999 hilft Purple Roofs Reisenden mit einer Liste von weltweit mehr als 4.800 Bed-and-Breakfast-Betrieben, Hotels, Ferienwohnungen und anderen Objekten, kleine »familienbetriebene« und schwulenfreundliche Unterkünfte zu finden.

International Lesbian Gay Bisexual Trans and Intersexual Association (ilga.org)
Internationale Information und Informationsquellen.

GayTravel.com (www.gaytravel.com)
Informationen zu Reisezielen, Hotels, Touren, Kreuzfahrten, Events und Blogs.

Eine regelmäßig aktualisierte und verlinkte Onlineversion dieser Informationsquellen-Übersicht findest du auf vagabonding.net unter dem Link »Resources«.

WELTENBUMMLER-STIMMEN

Es sind immer die Menschen, die eine Reise zum Erlebnis machen – Mitreisende, Couchsurfing-Gastgeber, zufällige Bekanntschaften. Sag so oft wie möglich Ja, lass deine schüchterne Seite zu Hause und bleib locker.

JOHNNY WARD, 27,
REISEBLOGGER, IRLAND

Der Aphorismus »Die Landkarte ist nicht das Gebiet« spielt eine immer größere Rolle, sobald ich mich in den Unwägbarkeiten einer Kultur verliere, jede Hoffnung aufgebe, sie zu verstehen, und gleichzeitig Zuneigung und Wertschätzung zwischen uns wachsen.

ELDON HAINES, 70, *NASA-PLANETENWISSENSCHAFTLER, OREGON*

Es ist leicht, Schranken aufzubauen, indem man überall liest und E-Mails schreibt, jedes Essen in von Touristen frequentierten Lokalen zu sich nimmt und abends im Hotel etwas trinkt und Kartenspiel spielt – und manchmal muss ich mich dazu überwinden, rauszugehen und andere Dinge zu unternehmen. Sicher, Ausländer-Cafés und Kartenspiele haben ihre Berechtigung, aber es gibt viel mehr zu entdecken und vieles davon erfordert, dass man ins Unbekannte eintaucht – die Einladung zu einer Hochzeit in einem kleinen Ort, wo keiner Englisch spricht, annimmt oder einfach durch die Straßen und Gassen spaziert und mit Unbekannten redet etc. Ich verbringe gerne Zeit allein, es war für mich also eine Herausforderung, rauszugehen und etwas mit den Einheimischen zu unternehmen.

TOM BOURGUIGNON, 25,
GRAFIKDESIGNER, OREGON

Wir errichten so viele Barrieren um uns herum. Technische Geräte empfehlen uns, wo wir essen, wohnen und spielen sollten. Apps übersetzen selbst die einfachsten Fragen, weshalb wir uns nicht mit fremden Sprachen abmühen müssen. Die besten Reiseerlebnisse habe ich, wenn die Technik im Rucksack bleibt. Einmal waren wir in Cagliari auf Sardinien bei einem neuen Freund zum Essen eingeladen und seine gesamte Großfamilie hatte sich am Kochen beteiligt. Die Schwiegermutter grillte das ganze Schwein bei sich zu Hause, damit es in der Küche des Gastgebers nicht zu heiß wurde. Der Nachbar bereitete die Ravioli zu, die Oma das Tiramisu. Der Opa zerlegte das Schwein und nahm sich dabei die Zeit, meinen Kindern die Füße und den Kopf zu zeigen, und schenkte den Wein ein. Wir gestikulierten und radebrechten in gebrochenem Englisch oder Italienisch, um miteinander zu kommunizieren. Das beste Abendessen, das ich je erlebt habe!

POWELL BERGER, 50, *UNTERNEHMERIN UND MUTTER, HAWAII*

WELTENBUMMLER-STECKBRIEF

JOHN LEDYARD

Er erkannte, dass, wenn jemand verrückt wirkte, es weder die Insel-Kannibalen, noch die fettverkrusteten Aleuten oder die hartherzigen Tataren waren, sondern derjenige, der sie besuchte. Er sah, dass der wahre Außerirdische der Reisende war.

LARZER ZIFF, *RETURN PASSAGES*

Kurz bevor Lewis und Clark den amerikanischen Westen erforschten, erkundete ein ebenso kühner Amerikaner die Welt. Sein Name war John Ledyard und er war einer der ersten – und emsigsten – Weltenbummler Amerikas.

Ledyard, geboren 1751, besuchte in Dartmouth das College und wollte eigentlich als Missionar unter den örtlichen Indianerstämmen wirken. Anstatt sie zu bekehren, erlernte er jedoch ihre Fertigkeiten – im Alter von 23 Jahren fällte er eine Kiefer, schnitzte sich daraus ein Kanu und paddelte 100 Meilen bis zum Meer. Ab da blickte er nie mehr zurück: Er erforschte den Pazifik auf dem Segelschiff von Kapitän Cook und lief zu Fuß von Schweden nach Sibirien. Auf seinen Reisen legte Ledyard Wert darauf, sich unter die Einheimischen zu mischen, nicht um sie später verklärt darzustellen, sondern um zu verstehen, wie diese Völker die Realität wahrnehmen.

In *Return Passages* beschreibt der Literaturwissenschaftler Larzer Ziff Ledyards besonders ausgeprägten Sinn für gesellschaftliche Toleranz und sein Durchhaltevermögen – Charaktereigenschaften, die alle Weltenbummler besitzen sollten: »Er schien der perfekte Demokrat zu sein, ging ungezwungen mit jenen um, die als gesellschaftlich höherstehend angesehen wurden, war jedoch frei von Vorurteilen; er trat selbstbewusst auf, war aber nicht eingebildet; seine Urbanität hatte er eher im Kontakt mit den Herren der primitiven Welt erworben als mit denen aus der Stadt; und das Wichtigste war, dass er mit Zurückweisungen umgehen und sie akzeptieren konnte.«

Manchmal müssen wir uns in offene Einsamkeiten flüchten, in Ziellosigkeit, in moralische Bedenken hinter sich lassende echte Wagnisse, um die Schneide des Lebens zu schärfen, um Mühsal zu erleben und gezwungen zu sein, einen Moment lang verzweifelt zu schuften.

GEORGE SANTAYANA, *THE PHILOSOPHY OF TRAVEL*

KAPITEL 7

LASS DICH AUF ABENTEUER EIN

Vor ein paar Hundert Jahren bedeuteten »Abenteuerreisen« mutige Expeditionen in eine *terra incognita* – geheimnisvolle Länder an den Rändern der bekannten Welt, von denen man meinte, sie seien von Ungeheuern und Meerjungfrauen bevölkert. Je mehr diese unbekannten Gebiete erkundet wurden, desto kleiner wurde die *terra incognita* und nach und nach schwand das mythische Geheimnis um die physischen Grenzen der Welt. Als die Erkundungen Kapitän Cooks im 18. Jahrhundert bewiesen, dass im Südpazifik kein großer Kontinent existierte, war es nicht mehr möglich, ins Blaue zu segeln – und seither hat die Menschheit ein Problem damit zu definieren, was eigentlich noch ein »Abenteuer« ist. Entsprechend wurde jede neue globale Entdeckung oder Entwicklung während der letzten zwei Jahrhunderte, von den Expeditionen ins Innere Afrikas bis zur Besteigung des Everest durch Hillary und Norgay, als das »letzte große Abenteuer« bezeichnet.

In jüngeren Jahren wurde manchmal schon das Konzept einer Abenteuerreise als Selbsttäuschung oder Farce verspottet. Als der Millionär Dennis Tito zwanzig Millionen Dollar zahlte, um mit russischen Kosmonauten in den Weltraum zu fliegen, stöhnten die Experten verächtlich. »Weltall-Tourismus steht für ein Zeitalter, in dem es nur noch sehr wenige Orte gibt, an denen *keine* Abenteuerreisen stattfinden«, schrieb H. D. S. Greenway, Herausgeber des *Boston Globe*. »Kein noch so abgelegenes Dorf im Himalaya, keine Dschungellichtung in Borneo liegt jenseits der Reichweite des Tourismus.«

Dies impliziert, dass das Abenteuer als rein *physischer* Akt betrachtet wird. Ohne den Reiz einer *terra incognita* wurde das Vermächtnis der Abenteuerreise an jene weitergegeben, die Klippen besteigen, nach Wracks tauchen und durch den Dschungel wandern. Vor allem in Industrienationen (wo kein Erlebnis eine öffentliche Erwähnung wert zu sein scheint, es sei denn, es kann gemessen, als Wettkampf aufgezogen oder im Fernsehen gesendet werden) wird die Vorstellung von einem Abenteuer heutzutage mit Extremsportarten wie Eisklettern, Wildwasserkanu oder Ausdauerläufen in großer Höhe verbunden.

Das alles mag ja Spaß machen, aber jeder erfahrene Weltenbummler kann bestätigen, dass ein wahres Abenteuer nichts ist, was von Fernsehkameras eingefangen oder wie eine Ware verkauft werden kann. Bloß weil Reiseunternehmen »Abenteuerreisen« standardisiert und kategorisiert haben – in Rafting, Bergsteigen, Fallschirmspringen und so weiter –, heißt das nicht, dass man ihnen das (buchstäblich oder im übertragenen Sinne) abkaufen muss. Gegen Extremsportarten oder organisierte Expeditionen ist natürlich grundsätzlich nichts einzuwenden, aber ein wirkliches Abenteuer ist nichts, das in Hochglanzbroschüren oder Sportzeitschriften dargestellt werden kann. Tatsächlich kann man manchmal Abenteuer erleben, wenn man sich in eine fremde und faszinierende Umgebung begibt und die Dinge einfach geschehen lässt – es ist weniger eine physische als eine *psychische* Herausforderung.

Welches Erlebnis, um ein Beispiel zu nennen, wird mehr Anpassungsfähigkeit und Beharrlichkeit erfordern: die Teilnahme an einer geführten Expedition zu irgendeinem Gipfel in den Anden (einer gebuchten Reise, auf der man den ganzen Weg über Spaghetti mit gefriergetrocknetem Putenfleisch isst und vom Gipfel aus die Familie über Satellitentelefon anrufen kann) oder mehrere Wochen in einem bolivianischen Dorf zu verbringen, um – ohne wirklich die Sprache zu sprechen – ein lokales Handwerk zu erlernen? Welches ist das echte Abenteuer: drei Riesen für einen Mach-1-Flug in einer MiG über Kamtschatka auszugeben oder die gleiche Summe aufzubringen, um mit dem Zug und einem Motorrad die Städte und Dörfer Sibiriens zu erkunden? Bringt dich die Bekanntschaft mit deinem

Tauchlehrer in Südafrika persönlich irgendwie weiter als ein Plausch mit einem Fremden zehn Minuten von deiner Wohnung entfernt? Was ist denn *abenteuerlich* daran, so weite Strecken zurückzulegen und derart Herausforderndes zu unternehmen, wenn man seine Erlebnisse im Voraus auswählt und schon mit bestimmten Erwartungen angeht?

Ein Abenteuer erlebst du nicht, indem du es dir sorgfältig aussuchst, sondern indem du so reist, dass das Abenteuer auf *dich* zukommt. Um das zu erreichen, musst du zuerst die von zu Hause gewohnten Schutzmechanismen überwinden und dich dem Unvorhersehbaren öffnen. Sobald du beginnst, diese Offenheit zu praktizieren, wirst du das Abenteuer bald schon in der *Realität* einer Welt entdecken, die deinen Erwartungen trotzt. Oftmals wirst du feststellen, dass ein Erlebnis dir erst im Nachhinein als »Abenteuer« erscheint – auf diese Weise dechiffrierst du ein Ereignis oder ein Erlebnis, das du dir nicht so recht erklären kannst.

So wird das Abenteuer Teil deines Vagabonding-Alltags. »Vom ersten Schritt an«, schreibt Tim Cahill, »wissen wir, dass Reisen oft bedeutet, uns unserer Angst vor dem Fremdartigen und Verstörenden zu stellen – der Hahnenkopf in der Suppe, ein undefinierbares Grauen, die Klippe, deren Rand uns unweigerlich anzieht und uns dazu zwingt, in eine klaffende Tiefe zu blicken.« Gleich zu Beginn deiner Reise kann allein schon der Umstand, dass du in der dritten Klasse eines Zugs fährst oder ein Stehklo benutzt, zu einem Abenteuer werden. Auch nachdem du dich an solche Neuheiten gewöhnt hast, kannst du das Unbekannte weiterhin herausfordern, indem du deinen

Reiseführer beiseitelegst, Routine vermeidest und die ausgetretenen Pfade verlässt. Gibt es eine bessere Möglichkeit, ein Abenteuer zu provozieren, als mit der Festlegung des Ziels zu warten, bis du an einer Bushaltestelle stehst und im Fahrplan einen besonders verlockend-fremdartigen Namen liest? Gibt es einen besseren Weg, das Unbekannte zu entdecken, als deinen Instinkten zu folgen anstatt deinen Plänen?

»Alles, was aus Notwendigkeit geschieht, alles Erwartete, tagein, tagaus Wiederholte, ist stumm«, heißt es in Milan Kunderas Roman *Die unerträgliche Leichtigkeit des Seins.* »Nur der Zufall kann zu uns sprechen. Wir lesen seine Botschaft, wie Zigeuner die Zeichen im Kaffeesatz am Grund einer Tasse lesen.« Den Zufall aufzuspüren, bedeutet notgedrungen, dass du sowohl guten wie auch schlechten Erfahrungen gegenüber offenbleiben musst. Gutes Urteilsvermögen kann aus schlechten Erfahrungen entstehen; gute Erfahrungen können auf schlechtem Urteilsvermögen basieren. Das Entscheidende dabei ist, dem Zufall zu *vertrauen* und ihn so zu steuern, dass du aus ihm immer etwas lernst. Trau dich, einfache Dinge zu machen, die dir normalerweise nicht in den Sinn kämen – eine abseits gelegene Schlucht erkunden, die Essenseinladung eines Fremden annehmen oder einfach nur innehalten, um den Augenblick intensiver zu genießen. Das sind die Art von bescheidenen Entscheidungen – jede von ihnen genauso gewagt

Erhebe dich frei von Sorge vor der Morgendämmerung und suche das Abenteuer. Lass den Mond dich im Spiegel anderer Seen finden und die Nacht dich überall wie in einem Zuhause umfassen. Es gibt keine weiteren Gebiete, hienieden keine würdigeren Spiele zu spielen als diese.

HENRY DAVID THOREAU, *WALDEN*

wie ein Bungee-Sprung –, die dich nicht nur Neues entdecken, sondern auch das ungewohnte Gefühl einer hart erkämpften *Freude* verspüren lassen.

Während du solche bescheidenen und zugleich mutigen Entscheidungen triffst, wirst du feststellen, dass Abenteuer sehr persönlich definiert sind. Einige der schönsten Abenteuerbeschreibungen erhielt ich per E-Mail von Tom Bourguignon (einem amerikanischen Weltenbummler, den ich in Kairo kennenlernte). Er listet seine Top-Five-Abenteuer in Asien wie folgt auf:

1. Als ich in Südlaos mit einem holländischen Pärchen abhing. Eines Abends wetteten wir, wer welches Tier – eine Katze, ein Huhn, einen Gecko oder einen Hund – dazu animieren könne, die meisten Motten zu fressen.

2. Als ich einmal um vier Uhr morgens in einer Kellerbar in Saigon wegen einer Partie Billard mit einem stämmigen Pakistani aneinandergeriet, weil wir uns wegen der Spielregeln uneinig waren. Und als wir ein paar Minuten später Arm in Arm Songs von Guns N' Roses sangen.

3. Als ich tief im Dschungel von Südlaos einen verborgenen Wasserfall entdeckte, den ganzen Tag über dasaß und einfach nur den mich umgebenden Geräuschen lauschte.

4. Als ich in Kairo mit einem verrückten ungarischen Flötisten durch finstere Seitengassen streifte, auf der

Suche nach einem geheimnisvollen (und vermutlich gar nicht existierenden) Café, von dem es hieß, dort bekäme man in den Sheesha-Pfeifen besonders starkes *ganja* serviert.

5. Als ich Mount Kinabalu in Borneo bestieg, den mit 4.100 Metern höchsten Bergs in Südostasien (keine schwierige Kletterei, aber trotzdem spannend).

Nicht jeder würde in den gleichen Situationen wie Tom ein Abenteuer sehen, doch genau das ist der Punkt: Das Abenteuer ist immer da, wo du es zulässt – und der erste Schritt jeder Entdeckungsfahrt besteht darin, das Abenteuerpotenzial in dir selbst zu entdecken. »Erforsche deine eigenen höheren Breiten«, schrieb Thoreau in *Walden*. »Sei ein Kolumbus für völlig neue Kontinente und Welten in deinem Innern, eröffne neue Bahnen nicht für den Handel, sondern für den Gedanken.«

Wie bei vielen großen Forschungsreisenden der Vergangenheit wird sich ein großer Teil deiner Abenteuer aus Zufällen ergeben. Manche dieser Zufälle werden positiv und beglückend sein – wie damals, als mir mein Zug an der russisch-mongolischen Grenze davonfuhr und ich dann beim Versuch, ihn wieder zu erreichen, in den Genuss einer völlig verrückten Verfolgungsjagd mit dem Auto durch Sibirien kam. Manchmal sind Zufallsereignisse auf Reisen natürlich auch ausgesprochen furchtbar – wie einmal, als ich im Süden von Laos in ein Cholera-Gebiet geriet, was dazu führte, dass ich mir in einem primitiven Dschungelhospital drei Tage lang die Seele aus dem Leib kotzte. Der Trick, trotz allem ein guter Abenteurer zu sein, besteht darin, immer locker und entspannt zu bleiben. »Gute Menschen gehen einfach weiter voran, was auch immer geschieht«, lehrte Buddha. »Sie verlieren kein überflüssiges Wort und sind stets die Gleichen, in glücklichen wie in unglücklichen Situationen.«

Mit Buddhas Lehre im Hinterkopf solltest du jede neue Frustration auf Reisen – Krankheit, Angst, Einsamkeit, Langeweile, Streit – einfach als eine weitere merkwürdige Facette deines Vagabonding-Abenteuers sehen. Lerne, deine schlimmsten Erfahrungen als packende (wenn auch traumatische) neue Kapitel im Roman deines Lebens zu schätzen. »Abenteuerlustige Männer finden an Schiffswracks, Meutereien, Erdbeben, Bränden und allerlei anderen unerfreulichen Erfahrungen Gefallen«, schrieb Bertrand Russell. »Dann sagen sie sich zum Beispiel: ›So ist das also bei einem Erdbeben‹, und sie freuen sich, mit diesem neuen Ereignis ihr Wissen um die Welt erweitert zu haben.«

> **Ein wahrlich guter und weiser Mann wird mit Würde ertragen, was immer ihm das Schicksal bringt, und immer das Beste aus den gegebenen Umständen machen.**
>
> ARISTOTELES, *NIKOMACHISCHE ETHIK*

Trotz dieser offenen Einstellung im Hinblick auf Unglücksfälle solltest du dich natürlich nicht mitreißen lassen und geradezu das Unglück *suchen*. So ist es zum Beispiel weise, eine positive und unternehmungslustige Stimmung beizubehalten, wenn du (wie ich einmal in einem Krankenhaus in Bangkok) eine Malaria durchstehen musst, aber es ist töricht, solche Unglücksfälle durch Nachlässigkeit in der Gesundheitsvorsorge zu provozieren. Ausgeraubt zu werden (wie es mir einmal in Istanbul passierte) mag hinterher als typischer Bestandteil des ganz normalen Reise-»Dramas« eingeordnet werden, aber es ist dumm, keine Vorkehrungen gegen Diebstahl zu treffen, nur um die Spannung aufrechtzuerhalten.

Ich erwähne Krankheit und Verbrechen, weil das unterwegs die beiden Heimsuchungen sind, die Weltenbummler am leichtesten verhindern können. Deine Gesundheit kannst du zum Beispiel leicht erhalten, indem du darauf bedacht bist, immer gut ausgeruht zu sein (auch wenn das bedeutet, etwas langsamer zu reisen als geplant), viel in Flaschen abgefülltes oder gefiltertes Wasser trinkst und auf Hygiene achtest (dazu gehört auch das regelmäßige Waschen der Hände vor den Mahlzeiten). Impfungen vor der Abreise sind unverzichtbar, aber du solltest dir auch unterwegs gewisse Verhaltensweisen zur Gesundheitsvorsorge angewöhnen, vor allem im Hinblick auf deine Ernährung. Exotische Speisen auszuprobieren (von gekochten Schafsaugen über gebratene Palmwürmer bis hin zu Haggis), gehört zu einem Abenteuer dazu – nicht aber, sich eine exotische Magen-Darm-Krankheit einzufangen. Ein Spruch aus alten Kolonialzeiten, der noch immer nützlich beim Umgang mit Nahrungsmitteln ist, lautet: »Wenn du es braten, kochen oder schälen kannst, kannst du es auch essen – wenn nicht, vergiss es.« Wenn du in einem Restaurant oder an einem Imbissstand essen willst, wähle eine Lokalität mit vielen Gästen (stets ein gutes Zeichen für schmackhafte Speisen) und achte darauf, ob die Mitarbeiter gesund aussehen. In weniger entwickelten Länder solltest du dich vergewissern, dass Fleischspeisen gut durchgebraten sind – und sei vorsichtig mit Milch (die vielleicht nicht pasteurisiert ist), mit »Rind« (das möglicherweise gar kein Rind ist), Blattsalaten (die wahrscheinlich nicht mit keimfreiem Wasser gewaschen wurden) und Schalentieren wie Muscheln. Nicht keimfreies Wasser (Eiswürfel eingeschlossen) sollte generell vermieden werden. Achte auch darauf, dass die Verschlüsse von gekauften Wasserflaschen unbeschädigt sind (andernfalls bedeutet das häufig, dass die Flasche aus dem Müll gefischt und mit Leitungswasser wieder aufgefüllt wurde).

Wenn du zum ersten Mal eine Reise in ferne Länder unternimmst, solltest du auf merkwürdige Speisen und Essrituale nicht mit einer strengen Diät reagieren. Achte ungeachtet deiner persönlichen Vorlieben (zum Beispiel einer vegetarischen Lebensweise) stets darauf, dich ausgewogen mit vielen Früchten, Gemüse, Körnern und Proteinen zu ernähren. Wenn du kulinarisch nicht besonders experimentierfreudig bist – oder glaubst, dass das Essen in bestimmten Regionen dir nicht bekommt –, nimm ergänzende Vitamintabletten mit. Gönn dir von Zeit zu Zeit ruhig auch mal eine »westliche« Mahlzeit, aber denk daran, dass das Essen in einem Restaurant nicht unbedingt gesund (oder sauber oder wohlschmeckend) ist, nur weil es eine englische Speisekarte gibt und Pizza, Sandwiches oder ein »amerikanisches« Frühstück serviert werden. Im indischen Pushkar habe ich mal in einem Restaurant zu Mittag gegessen,

> Das Vergnügen am Reisen beruht auf den Hindernissen, der Erschöpfung und sogar auf den Gefahren. Wen vermag schon eine Exkursion zu reizen, bei der er immer sicher sein kann, sein Ziel zu erreichen, dass ausgeruhte Pferde für ihn bereitstehen, ein weiches Bett und ein vorzügliches Abendessen und jede Bequemlichkeit, die er auch zu Hause haben kann, auf ihn warten! Eines der großen Unglücke modernen Lebens ist das Fehlen jeglicher plötzlichen Überraschung und das Fernbleiben allen Abenteuers. Alles ist so wohl geordnet.
>
> THÉOPHILE GAUTIER, *WANDERUNGEN IN SPANIEN*

das auf indische, mexikanische, chinesische, italienische, griechische und israelische Speisen »spezialisiert« war – es dürfte kein Zufall sein, dass ich kurz danach an Magenproblemen litt.

Auf Reisen ist »Montezumas Rache« leider nur schwer zu vermeiden, denn Durchfall kann nicht nur durch verdorbenes Essen, sondern auch einfach durch die Veränderung der Ernährung oder den Klimawechsel verursacht werden. Wenn es einen erwischt hat, trinkt man am besten ausreichend sauberes Wasser und nimmt ein paar Tage lang nur milde Speisen zu sich (Reis, Brot, Joghurt), bis es besser wird. Solltest du an irgendeiner Krankheit länger als ein paar Tage leiden, schadet es nichts, einem Arzt oder Apotheker vor Ort die Symptome zu schildern. Die meisten kennen sich mit lokalen Krankheiten gut aus und helfen dir gerne mit preiswerten Rezepten gegen alles, was dich plagt. (Natürlich sollte ein kleines Erste-Hilfe-Set mit Verbandszeug, Antiseptikum und Schmerzmitteln zu deiner Reisegrundausrüstung gehören). Sollten sich deine Symptome verschlimmern, fahr in eine größere Stadt und begib dich in ein modernes Krankenhaus.

Verbrechen und Gaunereien gibt es überall, wo Reisende unterwegs sind, kommen aber meistens nicht häufiger vor als in deiner Heimat auch. Um Diebstähle zu vermeiden, ist eigentlich nur ein wenig Achtsamkeit vonnöten. Viele der örtlich üblichen Neppereien werden in Reiseführern aufgeführt, lies dir solche Hinweise also vorab gründlich durch. (Diesbezügliche Tipps und Warnungen von anderen Reisenden sind auch oft nützlich.)

Wohin auch immer es dich verschlägt: Ein paar grundlegende Vorsichtsmaßnahmen sind stets angebracht. Zunächst einmal sollte man die Mitnahme teurer oder unersetzlicher Dinge vermeiden und seinen Wohlstand nicht zur Schau stellen. Verbirg Bargeld und Reiseschecks (zum Beispiel in einem Geldgürtel, in einer Socke oder in einer versteckten Tasche) und sei in Menschenmengen vorsichtig, denn dort sind Taschendiebe am liebsten aktiv. Wenn du in einem Hotel oder Gästehaus untergebracht bist, bewahre dein überschüssiges Bargeld im Safe des Hauses auf (und lass dir vom Hotelangestellten dafür eine Quittung ausstellen).

In Touristengegenden solltest du misstrauisch vor neuen »Freunden« sein, die darauf bestehen, mit dir kostenlose Shopping- oder Sightseeing-Touren zu machen. Fall nicht auf Angebote (von Einheimischen oder anderen Reisenden) herein, die dem Anbieter schnelles Geld versprechen. Dazu gehören der Export von Schmuck und Teppichen, Weiterverkäufe von zollfreier Ware, Geldwechselgeschäfte oder der Verkauf von Drogen – das sind *allesamt* seit Langem bekannte Betrugsmaschen. Lauf abends nicht betrunken herum und binde neugierigen Einheimischen nicht auf die Nase, dass du dich erst seit ein paar Tagen in ihrem Land aufhältst (das weist dich als leichte Beute für Trickbetrüger aus – besser ist es, ein wenig zu übertreiben und zu behaupten, du seist bereits seit einem Monat da). Übertreib es bei aller gebotenen Vorsicht vor Diebstahl und Nepp aber auch nicht und verfalle nicht in eine reflexhafte Paranoia (eine sichere Methode, dir deine Reiseerlebnisse zu vermiesen). Gewöhne dir auf Reisen stattdessen eine einfache und instinktive Vorsicht an. Ich schreibe dieses Buch zum Beispiel in einem friedlichen Hotel im Süden Thailands, aber wenn ich das Zimmer verlasse, verschließe ich die Tür immer mit einem Vorhängeschloss. Ich finde es einfacher, vorsichtig zu bleiben, anstatt immer wieder neu darüber nachdenken zu müssen, wo es sicher ist und wo nicht.

Auch wenn Vorbeugung und Vorsicht viel bewirken, gibt es natürlich keine narrensichere Methode, Unglücksfälle auf Reisen zu vermeiden. Solltest du unvorbereitet von Krankheit befallen werden oder einem Verbrechen zum Opfer fallen, betrachte dies am besten als Teil des Abenteuers Leben. »Wenn wir nur erkennen würden, dass das Leben uns keinen anderen Zwang auflegt, als es bedingungslos zu akzeptieren«, schrieb Henry Miller. »Alles …, was wir verleugnen, verunglimpfen oder verachten, wird uns letztendlich besiegen. Was schmutzig, schmerzlich oder teuflisch erscheinen mag, kann sich, wenn wir ihm unvoreingenommen entgegensehen, zu einem Quell von Schönheit, Freude und Kraft entwickeln. Jeder Augenblick ist golden für den, der den Weitblick hat, ihn als solchen zu erkennen.«

> **Wir haben keinen Grund, gegen unsere Welt Misstrauen zu haben, denn sie ist nicht gegen uns. Hat sie Schrecken, so sind es unsere Schrecken, hat sie Abgründe, so gehören diese Abgründe uns, sind Gefahren da, so müssen wir versuchen, sie zu lieben … Wie sollten wir jene alten Mythen vergessen können … Mythen von den Drachen, die sich im äußersten Augenblick in Prinzessinnen verwandeln; vielleicht sind alle Drachen unseres Lebens Prinzessinnen, die nur darauf warten, uns einmal schön und mutig zu sehen.**
>
> RAINER MARIA RILKE, *BRIEFE AN EINEN JUNGEN DICHTER*

Wenn du diesen Weitblick erst einmal in guten wie in schwierigen Situationen aufbringen kannst, wirst du in dir selbst eine völlig neue *terra incognita* entdecken.

EMPFEHLUNGEN

WEBSITES ÜBER GESUNDHEIT AUF REISEN

World Health Organization: Travel and Health
(www.who.int/topics/travel/en)
Aktuelle Gesundheitsinformationen für Reisende, nach Ländern geordnet, inklusive Karten zu Verbreitungsgebieten von Krankheiten.

Travel Health Online (www.tripprep.com)
Umfassende Website zum Thema Gesundheit für Reisende. Bietet ausführliche Informationen zu einzelnen Ländern inklusive dem Niveau der medizinischen Versorgung, der wirtschaftlichen/politischen Lage, Impfbelangen und möglichen gesundheitlichen Bedenken.

Wilderness Medical Society (wms.org)
Bietet Schulung und praktische Anleitungen für Medizin in unberührten Gebieten, führt Forschungen durch und veröffentlicht wissenschaftliche Zeitschriften.

Deutsche Gesellschaft für Reise- und Touristik Medizin e.V. (www.drtm.de)
Unabhängige Informationen über Gesundheitsschutz und wichtige Impfungen auf Reisen.

Robert Koch Institut (www.rki.de)
Umfassende Informationen zu allen Gesundheitsthemen.

Reisemedizin-Experten (www.reisemed-experten.de)
Informationen rund um reisemedizinische Fragen auf der Grundlage des Referenzhandbuchs Impf- und Reisemedizin.

BÜCHER ÜBER GESUNDHEIT AUF REISEN

CDC Health Information for International Travel, herausgegeben von Gary W. Brunette, M.D., M.P.H. (Oxford University Press, 2013, E-Book und Druck, Englisch)
Alle zwei Jahre von einem Team von mehr als 200 Gesundheitsexperten auf den neuesten Stand gebracht, ist dies der maßgebliche Ratgeber in Sachen Gesundheit auf Reisen. Er enthält leicht zu lesende Karten von Gebieten mit Gesundheitsrisiken, Informationen darüber, wo man auf Reisen medizinische Versorgung finden kann, Ratschläge für alle, die mit Säuglingen und Kindern unterwegs sind, eine ausführliche Aufstellung von Krankheiten und detaillierte, auf einzelne Länder bezogene Warnungen vor gesundheitlichen Risiken.

CRM Handbuch Reisemedizin
Das deutsche Äquivalent des CDC Health Information for International Travel.

Wo es keinen Arzt gibt – Medizinisches Handbuch zur Hilfe und Selbsthilfe: Diagnose, von David Werner (Reise Know-How, 2012, Druck)
Diese für Entwicklungshelfer und Missionare konzipierte Reihe über öffentliche Gesundheit hat seit den frühen 1970er-Jahren etlichen Menschen in der Dritten Welt geholfen zu überleben. Zu der Reihe gehören Bücher über medizinische und zahnmedizinische Versorgung, Gesundheit für Frauen und weitere Themen.

Was kriecht und krabbelt in den Tropen – Plagegeister und Gifttiere: Tipps zum Schutz und richtiges Verhalten im Notfall, von Reto Kuster (Reise Know-How, 2006, Druck)
Das Buch schafft Klarheit über vermeintliche und tatsächliche Gefahren, die von Insekten in tropischen Ländern ausgehen. Mit Tipps zum Schutz vor Bissen und Stichen.

Erste Hilfe unterwegs – effektiv und praxisnah, von Armin Wirth (Reise Know-How, 2014, Druck)
Fundiertes medizinisches Basiswissen für Laien und Experten, Improvisationstechniken, effiziente Maßnahmen und schnelle Behandlungsmöglichkeiten.

Outdoor- und Survivalmedizin: Selbstbehandlung in Extremsituationen, von Johannes Vogel (pietsch, 2016, Druck)
Das Buch befasst sich mit den häufigsten Krankheiten, Verletzungen und gesundheitlichen Gefahren in Extremsituationen mit begrenzten Mitteln und zeigt, wie sie behandelt werden können.

Eine regelmäßig aktualisierte und verlinkte Onlineversion dieser Informationsquellen-Übersicht findest du auf vagabonding.net unter dem Link »Resources«.

WELTENBUMMLER-STIMMEN

Abenteuer kann alles sein, was dich – über kurz oder lang – zum Lächeln bringt (du lächelst vielleicht noch nicht, während etwas passiert, dafür aber garantiert, wenn du es überlebt hast!). Ich bin wirklich nicht auf Adrenalinschübe aus und meine besten Abenteuer wären für jemand anderen total langweilig. Es sind so häufig die Umstände, die ein Abenteuer ausmachen, nicht ein Ort oder eine Handlung.

LIESL SCHERNTHANNER, 35,
ANTARKTIS-ARBEITERIN, IDAHO

Abenteuer erweitern deine Grenzen. Es ist mehr ein Prozess als ein Zustand, bringt eine gewisse Mühsal mit sich und ist nicht das Ende der Reise, sondern vielmehr die Reise selbst. Manchmal gehört dazu, sich an Orte zu begeben, die die meisten anderen nicht ansteuern. Manchmal passiert am Ende eines beschwerlichen Tages etwas Gutes. Und die Entdeckung magischer Plätze belohnt für alle Mühen.

CHARLES STONE, 25,
STUDENT, KALIFORNIEN

Leben ist Abenteuer. Reisen ist Abenteuer mit einer anderen Adresse. Das Sprichwort »Suchet und ihr werdet finden« lässt sich hier nicht anwenden, denn das Abenteuer findet die Menschen – und manche Menschen öfter als andere.

WENDY WRANGHAM, 42,
JOURNALIST, ENGLAND

Die Suche nach einer nuancierteren Definition von Abenteuer kann dir unvergesslich reiche Reiseerlebnisse bescheren. Du kannst nicht mit Stieren um die Wette rennen? Du kannst die Sahara nicht durchqueren? Dann versuche, etwas zu tun, das du mindestens ebenso herausfordernd finden wirst: Mach aus Fremden Freunde, suche Kontakt zu den Einheimischen. Sei den Möglichkeiten einer neuen Beziehung gegenüber aufgeschlossen. Du wirst mit einem viel tiefer gehenden Blick auf die Kultur belohnt werden, die zu erleben du so weit gereist bist. Und während die Abenteurer ihre Sonnenbrände und Schlangenbisse auskurieren, wirst du Freunde fürs Leben gewonnen und Fäden ihrer Kultur in den Teppich deines Lebens eingewoben haben.

JAMES ULLRICH, 34, *AUTOR UND HERAUSGEBER, SEATTLE*

WELTENBUMMLER-STECKBRIEF

BERÜHMTE WELTENBUMMLERINNEN

Reisende haben das Privileg, die ungehörigsten Dinge mit einwandfreiem Anstand machen zu dürfen. Das ist einer der Reize des Reisens.

ISABELLA LUCY BIRD, *UNBEATEN TRACKS IN JAPAN*

Historisch betrachtet werden – von Richard Burton über Ernest Shackleton bis zu Edmund Hillary – Abenteuerreisen zu oft als exklusive Unterfangen raubeiniger Männer gesehen. Eine flüchtige Durchsicht von Reiseberichten der vergangenen 250 Jahre offenbart jedoch, dass viele der unerschrockensten und einfühlsamsten Abenteurer der Geschichte Frauen waren.

Mary Wollstonecraft, Isabella Lucy Bird, Alexandra David-Néel, Mary Kingsley, Freya Stark, Frances Trollope, Amelia Edwards, Emily Hahn, Ida Pfeiffer, Rosita Forbes, Rose Wilder Lane, Rebecca West und Martha Gellhorn repräsentieren nur eine Auswahl der Frauen, die durch ihre Abenteuer berühmt wurden. Sie reisten an so weit entfernte Orte wie Arabien und die Arktis, nach Afrika und an die Grenzen Amerikas.

Diese weiblichen Forschungsreisenden erschütterten das Vorurteil, Muskelkraft und Machismo seien unbedingte Voraussetzungen dafür, sich in die Wildnis zu wagen. Sie fanden das Abenteuer auch in zwischenmenschlichen Begegnungen und im Unbekannten des gewöhnlichen Alltags. Isabelle Eberhardt, die im 19. Jahrhundert Afrika erforschte, fasste die Denkweise, die diese Pionierinnen des Weltenbummelns antrieb, deutlich zusammen: »Der feige Glaube, ein Mensch müsse an einem Ort bleiben, erinnert allzu sehr an die bedingungslose Ergebenheit von Tieren, von Lasttieren, die durch ihre Knechtschaft betäubt und stets bereit sind, das Überstreifen des Geschirrs zu akzeptieren. Grenzen gibt es in allen Bereichen und Gesetze regeln jede Form organisierter Macht. Doch den Nichtsesshaften gehört die ganze weite Erde, die erst an einem nicht existierenden Horizont endet. Ihr Reich ist nicht zu greifen, denn die Beherrschung dieses Reichs und der Genuss, den sie daran finden, sind eine Sache des Geistes.«

TEIL 4

SEIT LANGEM AUF REISEN

Friede, Überfluss, Ergebenheit denen, die sie wollen,
Ich bin der, der Männer, Frauen und Nationen aufreizend zwingt,
Rufend: Springt von euren Sitzen und rauft um eure Leben!
Wer bist du, der nur möchte, dass man ihm sage,
was er schon weiß? Wer bist du, der nur ein Buch
möchte, das mit deinem Unsinn eins ist?

WALT WHITMAN,
AN DES BLAUEN ONTARIOS GESTADE

KAPITEL 8

AKZEPTIERE DIE REALITÄT

Obwohl sie heute zu den bedeutendsten Monumenten der alten Zivilisationen zählt, war die geheimnisvolle Stadt Angkor der westlichen Welt völlig unbekannt, bis französische Reisende Mitte des 19. Jahrhunderts begannen, Kambodscha zu erforschen. Entgegen gängiger Meinung wurden die kolossalen, Ehrfurcht einflößenden Ruinen aus der Zeit des Khmer-Reiches nicht durch den Forscher Henri Mouhot entdeckt und zum ersten Mal dokumentiert, sondern von Charles

Émile Bouillevaux, einem französischen Priester, der die Stätte 1850 besuchte.

Da Bouillevaux streng religiös erzogen worden war, entsetzten ihn die wollüstigen und »heidnischen« Motive der Skulpturen an den Bauwerken der alten Stadt. Ein Jahr nachdem Bouillevaux seine furchtsamen Beobachtungen in Paris veröffentlicht hatte, stolperte Mouhot durch Angkor und schaute sich die alte Stadt nicht aus dem Blickwinkel seiner Wissenschaft an (er war Naturalist), sondern aus der naiven Perspektive eines neugierigen, staunenden Menschen. Als Mouhots Reisebericht schließlich veröffentlicht worden war, teilte das Publikum seine Begeisterung und seither ist Angkor eine Stätte archäologischer Forschung und ein Pilgerziel für Reisende.

Es ist verlockend, Pater Bouillevaux als einen frömmelnden Dummkopf abzuwerten – aber die meisten von uns neigen dazu, auf Reisen dieselben Fehler zu machen. Genau wie der biedere französische Priester tendieren wir eher dazu, unsere neuen Umgebungen durch die Brille unserer von zu Hause mitgebrachten kleinlichen Vorurteile zu betrachten, als die Dinge einfach so zu nehmen, wie sie sind. »Unserm Auge fällt es bequemer, auf einen gegebenen Anlass hin ein schon öfter erzeugtes Bild wieder zu erzeugen, als das Abweichende und Neue eines Eindrucks bei sich festzuhalten: letzteres braucht mehr Kraft, mehr ›Moralität‹«, schrieb Friedrich Nietzsche. »Etwas Neues hören ist dem Ohre peinlich und schwierig; fremde Musik hören wir schlecht.« Anders als Bouillevaux haben die meisten von uns keinen Platz in den Geschichtsbüchern zu verlieren, wenn wir auf Reisen gemachte Entdeckungen falsch interpretieren. Nichtsdestotrotz ist es selbst auf einer persönlichen Ebene, wichtig, die Dinge auf Reisen nicht nur anzuschauen, sondern sie als das zu *sehen*, was sie sind.

> **Der Sinn des Reisens besteht darin, die Fantasien durch die Wirklichkeit zu korrigieren. Statt uns die Welt vorzustellen, wie sie sein könnte, sehen wir sie wie sie ist.**
>
> SAMUEL JOHNSON, *ANECDOTES OF SAMUEL JOHNSON*

Dieser Unterschied zwischen Anschauen und Sehen auf Reisen wird oft in zwei Begriffe gefasst, die in gewisser Weise als gegensätzliches Paar gelten können: *Tourist* und *Reisender*. Danach sind Reisende diejenigen, die ihre Umgebung wirklich »sehen«, während sich Touristen Attraktionen einfach nur »anschauen«. Touristen wird darüber hinaus unterstellt, dass es ihnen an Tiefgründigkeit und Geschmack fehle, ihre Absichten werden als nicht authentisch und entmenschlicht betrachtet; Reisende hingegen gelten als interessiert und engagiert und repräsentieren das genaue Gegenteil. Im Laufe der letzten ungefähr hundert Jahre haben Kritiker und Reiseschriftsteller diesen Gegensatz zwischen Tourist und Reisendem mit einem ganzen Kanon an Aphorismen ausgestaltet:

»Der Reisende sieht Dinge, die ihm unterwegs begegnen«, schrieb G. K. Chesterton in den 1920er-Jahren, »der Tourist sieht das, was er sich vorgenommen hat zu sehen.«

»Der Reisende war aktiv, er machte sich die Mühe, nach Menschen, Abenteuer und Erfahrung zu suchen«, meinte Daniel Boorstin 1961. »Der Tourist ist passiv; er erwartet, dass interessante Dinge ihm geschehen.«

»Touristen wissen nicht, wo sie waren«, stellte Paul Theroux vor 20 Jahren fest. »Reisende wissen nicht, wohin sie fahren.«

»Reisende sind diejenigen, die ihre Mutmaßungen zu Hause lassen, [Touristen] sind jene, die das nicht tun«, schrieb Pico Iyer im Jahr 2000.

Das sind natürlich alles treffende Beobachtungen, aber sie haben unbeabsichtigt dazu beigetragen, dass der eigentliche Gedanke, den sie zu kommunizieren versuchen, auf seltsame Weise pervertiert wird. Tatsächlich hat sich diese weitverbreitete rhetorische Unterscheidung zwischen Touristen (die wir verachten) und Reisenden (die wir sein wollen) in eine Art Gesellschaftsspiel verwandelt, statt eine auf Erfahrung beruhende Differenzierung zu sein. Als ich mich einmal in Dahab in Ägypten aufhielt, unterhielt ich mich mit einem britischen Reisenden, der für diejenigen, die er als »Touristen« bezeichnete, nichts als Verachtung übrig hatte. »Die fliegen alle direkt nach Sharm el-Sheikh [ein eleganter Ferienort in der Nähe von Dahab] und verbringen ihre Zeit in Luxushotels«, sagte er. »Dann fahren sie vielleicht mal mit einem klimatisierten Bus zur Besichtigung des Bergs Sinai, aber abgesehen davon geben sie sich nur dem Sonnenbaden hin und essen Pizza, was sie alles auch zu Hause machen könnten. Keiner von denen erlebt Ägypten wirklich.« Ich stimmte zu, dass diese Art zu reisen viel zu wünschen übrig lässt, doch je mehr der Mann mir erzählte, desto mehr fragte ich mich, wieso er sich selbst eigentlich so anders sah. Von vier Monaten auf Reisen hatte er dreieinhalb in einer schilfgedeckten

Hütte in Dahab verbracht, wo er die meiste Zeit getaucht und mit anderen Reisenden gekifft hatte. Der einzige Unterschied, den ich zwischen seinem Lebensstil und dem der »Touristen« in Sharm el-Sheikh ausmachen konnte, war, dass er Falafel aß, eine arabische *kaffiyeh* trug und mit acht Dollar pro Tag auskam statt mit 200.

Ich erwähne das nicht, um den Lebensstil dieses Menschen zu verurteilen, sondern um aufzuzeigen, wie sehr die Unterscheidung zwischen Tourist und Reisendem zu einem dünkelhaften Modediktat ausgeartet ist. Statt die Herausforderungen zu suchen, die wahres Reisen mit sich bringt, können wir auch bloß auf ein paar Schubladen-»Touristen« zeigen, Witze auf ihre Kosten machen und uns selbst kritiklos als »Reisende« einschätzen.

> Die meisten Menschen leben auf dieser Welt, aber nicht in ihr – sie haben für nichts von dem, was sie umgibt, ein bewusstes Mitgefühl, keine wirklichen Beziehungen – leben unvermischt, abgesondert und starr alleine, wie Murmeln aus poliertem Stein, die sich mal berühren, aber vereinzelt sind.
>
> JOHN MUIR, *THE WILDERNESS WORLD OF JOHN MUIR*

In Wirklichkeit jedoch ist Reisen kein gesellschaftlicher Wettbewerb und Weltenbummler bildeten noch nie eine Kaste innerhalb der Touristen/Reisenden-Hierarchie. Je nach Gegebenheit kann ein aufrichtiger Weltenbummler mal als Reisender oder als Tourist bezeichnet werden, als Pilger oder als Satyr, als Sieger oder als Opfer, als individueller Suchender oder als jemand, der einen demografischen Trend repräsentiert. Mit dem selbstgefälligen Versuch, Reisende von Touristen zu unterscheiden, stützt man ein wackeliges Weltbild, das aus angeblich Eingeweihten und Nichteingeweihten besteht. Insider und Außenstehende mögen für die hohlen Maßstäbe der Mode von Bedeutung sein, aber im Reich des Reisens (in dem du immer ein Gast an fremden Orten bist) ist eine solche Unterscheidung lächerlich. Mit einer arroganten oder überlegenen Haltung kannst du vielleicht in einem Nachtklub deiner Heimatstadt punkten, doch unterwegs wird ein solches Gehabe nur dein Reiseerlebnis schmälern.

Statt dir Gedanken darüber zu machen, ob du nun Tourist oder Reisender bist, solltest du dich auf die Realität einlassen, denn nur so wirst du unterwegs wirklich »sehen«.

Oberflächlich betrachtet, scheint dies ein ziemlich simpler Vorschlag zu sein. »Wo auch immer du hingehst, da bist du«, sagt ein albernes Sprichwort – und einfach *da zu sein* sollte eigentlich keine zu schwere Aufgabe sein. Nur »sind« eben wenige von uns jemals da, wo sie sind: Statt die Wirklichkeit eines Augenblicks oder eines Tages zu erleben, sind wir mit Kopf und Seele anderswo – denken zwanghaft an unsere Vergangenheit oder Zukunft, machen uns Sorgen und fantasieren andere Situationen herbei. Zu Hause mag das eine Möglichkeit sein, mit den Problemen des Alltags umzugehen, doch unterwegs ist es ein sicherer Weg, genau die Erlebnisse zu verpassen, die dich etwas lehren könnten.

Deshalb sollte Weltenbummeln nicht mit einem reinen Urlaub verwechselt werden, dessen einziger Zweck Flucht ist. Einen solchen Urlaub treten Ferienreisende oft mit einer finsteren Entschlossenheit an und sorgen zielstrebig dafür, dass ihre Erlebnisse den Erwartungen entsprechen. Als Weltenbummler stellst du dich hingegen auf eine längere Reise ein, wohl wissend, dass das Vorhersehbare und das Unvorhersehbare, das Schöne und das Unangenehme nicht voneinander zu trennen, sondern Teil derselben Realität sind. Du kannst natürlich versuchen, die Reise an deine Fantasien anzupassen, doch diese Strategie lässt das Reisen allzu leicht bedeutungslos werden. Tatsächlich ist Vagabonding im besten Sinne eine *Neuentdeckung* der Realität.

Spätestens nach ein paar Wochen und Monaten unterwegs solltest du sämtliche Vorurteile und stereotypen Vorstellungen ablegen und zweidimensionale Erwartungen durch echte Menschen und Orte ersetzen. Dieser Prozess ist der einzige Weg, die statische Postkartenwand der Fantasie zu durchbrechen und in die intensive Schönheit des Wirklichen einzutauchen. Insofern hat das »Sehen« auf Reisen etwas von einer spirituellen Übung: Sie lehrt dich, nicht nach interessanten Umgebungen zu suchen, sondern fortwährend an allem interessiert zu sein, was dich umgibt.

> **Was mich betrifft, so reise ich nicht, um irgendwo hinzufahren, sondern um unterwegs zu sein. Ich reise um des Reisens willen. Bewegung ist das Entscheidende; die Anforderungen und Probleme unseres Lebens näher zu verspüren; aus diesem Federbett der Zivilisation zu steigen und unter mir den granitenen, von schneidenden Kieseln übersäten Erdboden zu entdecken.**
>
> ROBERT LOUIS STEVENSON, *REISE MIT EINEM ESEL DURCH DIE CEVENNEN*

Die Realität zu akzeptieren, ist in vieler Hinsicht einschüchternd – nicht wegen ihrer Risiken, sondern aufgrund ihrer Komplexität. Am besten stellst du dich ihr nicht mit einer festen Interpretationsmethode (die dir nur die Wiedererkennung von Mustern ermöglicht, die du bereits kennst), sondern mit einer aufrichtigen Haltung der Aufgeschlossenheit.

Doch es mag durchaus Verwirrung darüber herrschen, was man überhaupt unter Aufgeschlossenheit versteht. Als ich zum Beispiel den Nahen Osten bereiste, lernte ich eine Kanadierin kennen, die gerade von einer Reise zu einem abgelegenen katholischen Kloster kam, das in den farbenprächtigen Wüstenbergen außerhalb von Damaskus lag. Sie erzählte mir stolz, dass ihr dieser Drei-Tages-Aufenthalt nicht nur Spaß gemacht, sondern sie es auch geschafft habe, an ihren »Prinzipien als Freidenkerin« festzuhalten, indem sie die Angebote der Mönche, am täglichen Gottesdienst teilzunehmen, kategorisch ablehnte. Diese Einstellung kam mir dann doch ein wenig schräg vor. Innerhalb der konformistischen Grenzen des kleinstädtischen Alberta mag die Weigerung, eine Messe zu besuchen, ja ein Zeichen der Befreiung sein, aber als Gast eines isolierten syrischen Klosters (das man nur mit Mühe erreicht hat) die Einladung zum Gottesdienst abzulehnen, ist nicht nur engstirnig, sondern unhöflich. Denk daran, dass das, was zu Hause als kulturelle Aufgeschlossenheit gilt, in anderen Ländern vielleicht ganz anders aufgefasst wird. Du lebst vielleicht in Chinatown, tanzt zu Liedern von Fela Kuti, trägst einen Sarong, spielst Didgeridoo, gehst mit einem aus Estland stammenden Amerikaner aus und isst Enchiladas – aber das heißt noch lange nicht, dass du auch nur die geringste Ahnung hast, wie die Menschen in China, Nigeria, Thailand, Australien, Estland oder Mexiko leben und denken.

Interessanterweise ist es oft nicht Ignoranz, sondern ideologische Verbohrtheit, die Aufgeschlossenheit verhindert. Dies trifft insbesondere in Industrienationen zu, wo Aufgeschlossenheit (gerade in »progressiven« Kreisen) teilweise so politisiert wurde, dass sie gar nicht mehr so aufgeschlossen ist. Egal, ob deine Sympathien eher den Linken oder den Koservativen gelten: Du wirst überhaupt nichts Neues lernen, wenn du die Welt mit ideologischen Scheuklappen betrachtest. Zu Hause sind politische Überzeugungen ein Mittel, um Dinge zu bewegen; auf Reisen schirmen sie jede neue Erfahrung ab und bringen dich dazu, nur nach der Bestätigung deiner bereits vorgefertigten Meinung zu suchen.

> Luxus ist also eine komfortable Art der Ignoranz.
>
> LEROI JONES, *POLITICAL POEM*

Das soll nicht heißen, dass es falsch wäre, politische Überzeugungen zu hegen, nur ist Politik von Natur aus reduktiv und die Welt unendlich komplex. Wenn du dich zu erbittert an deine Ideologien klammerst, wirst du die subtilen Realitäten übersehen, die die Politik nicht anspricht. Und du verpasst die Gelegenheit, von Menschen zu lernen, die deine Weltsicht nicht teilen. Wenn dir eine japanische Studentin erklärt, einen guten Ehemann zu finden sei wichtiger als feministische Unabhängigkeit, dann widerspricht sie weniger deiner Weltsicht, als dass sie dir einen Einblick in ihre Welt gibt. Wenn ein Friseur in Paraguay darauf besteht, eine Diktatur sei der Demokratie überlegen, kannst du möglicherweise etwas lernen, indem du dich einfach mal in seine Situation versetzt und ihn ausreden lässt. Aufgeschlossenheit ist ein Prozess des Zuhörens und Nachdenkens – sie dämpft den Drang, gleich darüber zu urteilen, was richtig oder falsch, gut oder schlecht, angemessen oder unangemessen ist. Es erfordert Toleranz und Geduld, um die Dinge so zu sehen, wie sie wirklich sind.

Ein anderes Hindernis zur Erkennung von Realität ist ironischerweise genau jener Idealismus, der uns ursprünglich dazu inspiriert, auf Reisen zu gehen. In unseren Tagträumen vom Reisen fantasieren wir uns an Orte, von denen wir glauben, dass sie schöner, unverfälschter und einfacher sind als das, was sich uns zu Hause bietet. Erweisen sich diese idealisierten Umstände jedoch als ganz und gar nicht realistisch, neigen wir eher dazu, uns an unsere Tagträume zu klammern, als uns der Realität zu stellen. In manchen Fällen, wie dem der »Ethno-Tourismus«-Dörfer, die ich in Kapitel 6 angesprochen habe, machen wir uns selbst etwas vor, indem wir die Details (wie Jeans oder Handys) übersehen, die nicht zu unserem Ideal einer prämodernen Gesellschaft passen. In anderen Fällen führt der naive Optimismus, mit dem wir auf Reisen gehen, dazu, dass wir genau die Kulturen, die wir zuvor idealisierten, am Ende verachten. Als ich zum Beispiel in Pusan lebte, lernte ich viele Lehrer aus westlichen Ländern kennen, die ins Ausland gegangen waren, um »eine andere Kultur zu erleben«, nur um schließlich verbittert feststellen zu müssen, dass die koreanische Kultur ausgesprochen ausbeuterisch und arbeitssüchtig sein kann. Diese Leute erlebten zwar eine andere Kultur, doch ihr kurzsichtiger Idealismus ging nach hinten los, als ihnen dämmerte, dass eine asiatische Kultur genauso hektisch und unpersönlich sein kann wie ihre eigene. Die idealistische Suche nach dem anderen kann zu Enttäuschung führen, wenn das andere dem ähnelt, was man von zu Hause kennt.

Doch so wie Skepsis nicht mit Zynismus verwechselt werden sollte, ist die Annahme einer realistischen Haltung nicht mit Pessimismus gleichzusetzen. Eine besonders hartnäckige pessimistische Vorstellung unter Reisenden ist die, dass moderne Einflüsse Eingeborenengesellschaften zerstören würden oder bestimmte Kulturen früher, vor noch gar nicht so langer Zeit, »echter« gewesen seien. Das hieße, dass jede beliebige Gesellschaft – ob Kuna, Beduinen oder Massai – noch vor 20 Jahren, bevor sie »verdorben« wurde, auf irgendeine Art besser war. Ein so rückwärts gewandter Kulturpessimismus übersieht allerdings, dass sich Gesellschaften immer verändert haben und dass »Tradition« ein dynamisches Phänomen ist. »Tourismus kann man nicht vor einem statischen Hintergrund beurteilen«, schrieb der Tourismusforscher Davydd J. Greenwood. »Manches von dem, was wir als Zerstörung sehen, ist in Wirklichkeit Aufbau. Manches ist das Resultat des Fehlens von Alternativen, und nur einiges ist das Ergebnis von Entscheidungen, die man auch anders hätte treffen können.«

Darüber hinaus basiert unsere Sorge um den schlechten Einfluss von Veränderung in vormodernen Kulturen oft weniger auf einem Interesse an der Lebensqualität der Menschen vor Ort als auf unserem eigenen Wunsch, eine »unbeschmutzte« Kultur zu erleben. Wie der Anthropologe Claude Lévi-Strauss vor 50 Jahren betonte, führt unsere Klage um die vermeintliche Reinheit der Vergangenheit nur dazu, dass wir die Dynamik der Gegenwart nicht sehen. »Während ich lamentiere, kaum mehr als den Schatten der Vergangenheit flüchtig erblicken zu können«, schrieb er in *Traurige Tropen*, »bin ich möglicherweise der Wirklichkeit gegenüber unempfänglich, die gerade in diesem Moment Form annimmt … In ein paar Hundert Jahren also wird ein anderer Reisender, genauso verzweifelt wie ich, das Verschwinden von etwas beklagen, das ich hätte sehen können, doch unfähig war zu sehen.«

Die reinste Art, eine Kultur zu sehen, ist also die, sie schlicht so zu akzeptieren und zu erleben, wie sie *heute* ist – auch wenn man dabei Satellitenschüsseln in Kasachstan, Cyber-Cafés in Malawi und Fast-Food-Restaurants in Belize hinnehmen muss.

> Das Unwirkliche ist nie, das Wirkliche ist nie nicht. Die Wahrheit jedoch wurde von denen erschaut, die das Wahre sehen können.
>
> AUS DER *BHAGAVAD GITA*

Als Thomas Merton gefragt wurde, ob er auf seiner Reise nach Indien das »echte Asien« gesehen habe, erwiderte er: »Soweit ich sehen kann, ist *alles* echt.«

Ein weiterer realitätsbetäubender Aspekt, der angesprochen werden sollte, ist der Spaßfaktor auf Reisen. Spaß kann und sollte man natürlich grundsätzlich haben – aber mir geht es vor allem um einen der Grundpfeiler des herkömmlichen Vergnügens: *Partys feiern.* Es gehört natürlich zum Reisen dazu, dir gelegentlich einen Schwips anzutrinken, deine Hemmungen fallen zu lassen und neue Bekanntschaften zu machen. Wenn du zum ersten Mal weltenbummelst, wirst du wahrscheinlich gar nicht genug vom Partymachen kriegen, denn die Leute um dich herum sind sicher toll, die Drinks billig und das Ambiente perfekt.

Nach ein paar Wochen auf Reisen wirst du jedoch feststellen, dass Partys unterwegs sich von denen zu Hause unterscheiden. Zu Hause ist eine Party eine gute Gelegenheit, das Wochenende zu genießen oder eine Pause vom Arbeitsalltag einzulegen; unterwegs ist aber jeder Tag wie ein Wochenende, jeder Augenblick eine Auszeit vom Arbeitsalltag. Wenn du also das Feiern zum allnächtlichen Ritual werden lässt (was an Treffs von Reisenden überall auf dem Planeten leicht passieren kann), ist das ein sicherer Weg, die subtile Schönheit von Orten zu übersehen, deine Reisekreativität verkümmern zu lassen und in heimatliche Verhaltensmuster zu verfallen. Natürlich kannst du dabei viel Spaß haben – aber wenn du die Welt nur bereist, um den gleichen Zerstreuungen wie zu Hause nachzugehen, verschwendest du dein Weltenbummler-Erlebnis letztendlich.

Unter allen Rauschmitteln, die du unterwegs finden kannst (einschließlich einer »nationalen Biermarke«, die es in fast jedem Land der Welt gibt), verdient Marihuana hier eine besondere Erwähnung, weil es unter Globetrottern so populär ist. Ein guter Teil dieser Beliebtheit hat mit der Tatsache zu tun, dass Marihuana ein relativ harmloses Rauschmittel ist (noch mal: vorausgesetzt, du wirst nicht damit erwischt), das bestimmte Eindrücke und Empfindungen auf Reisen intensivieren kann. Das Problem mit Marihuana ist jedoch, dass es unterwegs den gleichen Effekt wie Fernsehgucken hat: Es ersetzt wirkliche Empfindungen durch künstlich verstärkte. Weil es dich nicht dazu zwingt, dich für ein Gefühl anzustrengen, schafft es passive Erlebnisse, die nur vage mit dem Rest deines Lebens verbunden sind. »Die Drogenvision bleibt eine Art Traum, der nicht ins Alltagsleben hinübergerettet werden kann«, schreibt Peter Matthiessen in *Auf der Spur des Schneeleoparden.* »Alte Ne-

> **Oft habe ich das Gefühl, dass ich mich in eine entfernte Region der Welt begebe, um daran erinnert zu werden, wer ich eigentlich bin. ... Isoliert von der normalen Umgebung, den Freunden, den täglichen Gewohnheiten, vom Kühlschrank voller Nahrung, vom Wandschrank voller Kleidung, wird man zu einem unmittelbaren Erleben gezwungen. Ein solch unmittelbares Erleben macht dir zwangsläufig bewusst, wer das eigentlich ist, der dies gerade erlebt. Das ist nicht immer angenehm, doch es ist immer belebend.**
>
> MICHAEL CRICHTON, *TRAVELS*

bel mögen vielleicht vertrieben werden, doch der fremde chemische Wirkstoff bildet einen anderen Nebel heraus, der die Trennung des ›Ich‹ von der echten Erfahrung des ›Einen‹ aufrechterhält.«

Zudem haben chemisch hervorgerufene Höhepunkte die Eigenschaft, dich von den total berauschenden natürlichen Höhepunkten des Reisens abzulenken. Ein Pfeifchen zu genießen, mag einen beliebigen Nachmittag in Dayton, Ohio, aufpeppen, aber ist das an den Gestaden des Tobasees in Sumatra, in den Talkesseln von Nepal oder auf den Wüstenplateaus von Patagonien wirklich nötig?

Salvador Dalí bemerkte einmal scherzhaft: »Ich nehme keine Drogen, ich *bin* die Droge.« Versuch also auf Reisen die Droge zu *sein* und spüre dem rauen, persönlichen Gefühl der *unmittelbaren Wirklichkeit* nach – ein Erlebnis, das weit berührender ist, als es ein künstlicher Rausch je sein kann.

EMPFEHLUNGEN

SOZIAL VERANTWORTUNGSBEWUSSTES REISEN

Allzu oft wird der Begriff »verantwortungsbewusstes Reisen« von Ökotourismus-Werbeleuten und politischen Demagogen in den Mund genommen. Um verantwortungsbewusst zu reisen, muss man erfreulicherweise kein Ökotour-Kunde oder schriller Aktivist sein. Gewissenhaftes Weltenbummeln erfordert lediglich kundige Achtsamkeit. Trotz des ganzen Geredes über ökologische und kulturelle Nachhaltigkeit *verstehen* nur wenige Leute diese Konzepte tatsächlich. Sich thematisch fachlich – nicht politisch – gut auszukennen, ist die beste Basis, um sich vorsichtig und verantwortlich durch die Welt zu bewegen.

Ethical Traveler (www.ethicaltraveler.org)
Ein basisorientiertes Bündnis von Menschen, die das Reisen als eine positive Kraft sehen. Bietet Hinweise und Informationen, um Reisende zu »zufälligen Botschaftern« zu machen, und will die ökonomische Macht von Reisenden für die Stärkung der Menschenrechte und den Schutz der Umwelt zu nutzen.

Kiva.org (www.kiva.org)
Kiva ist eine Website, über die Minikredite von Privatperson zu Privatperson vermittelt werden. Kleinunternehmer erhalten dadurch weltweit die Möglichkeit, die Armut in ihren Ländern zu bekämpfen.

Forum anders reisen e.V. (www.forumandersreisen.de)
Zusammenschluss von Reiseveranstaltern, die sich für einen nachhaltigen, umweltfreundlichen und sozial verträglichen Tourismus engagieren.

Fair unterwegs (www.fairunterwegs.org)
Unabhängiges Reiseportal, das sich für die faire Begegnung mit Menschen aus anderen Kulturen einsetzt.

Informationsdienst Tourismus und Entwicklung
(www.tourism-watch.de)
Arbeitsstelle von Brot für die Welt mit dem Schwerpunkt Sensibilisierung von Touristen für ein begegnungsorientiertes Reisen, Menschenrechte und Tipps für verantwortungsbewusstes Reisen.

UMWELTBEWUSSTES REISEN

National Geographic's Center for Sustainable Destinations (travel.nationalgeographic.com/travel/sustainable)
Hinweise und Informationen für einen »Geotourismus« – Reisen, die »den geografischen Charakter eines Ortes – seine Umwelt, Kultur, Ästhetik, sein Erbe und das Wohlbefinden seiner Bewohner – unterstützen und aufwerten«.

Sustainable Travel International (sustainabletravel.org)
Weltweit für die Förderung nachhaltiger Entwicklung durch Reisen und Tourismus anerkannt.

Planeta.com (www.planeta.com)
Ein Clearinghaus für angewandten Ökotourismus auf der ganzen Welt mit Schwerpunkt Lateinamerika. Auf der Website sind Onlineforen, Informationen zu Konferenzen, Leitartikel und wissenschaftliche Berichte zu finden.

Worldwatch Institute (www.worldwatch.org)
Organisation, die gegründet wurde, um Entscheidungsträger in die Lage zu versetzen, eine ökologisch nachhaltige Gesellschaft zu schaffen, die den Bedürfnissen der Menschen Rechnung trägt.

MyClimate CO2 offset calculator (www.myclimate.org)
Onlineinstrumente, die dir helfen, die durch dein Reisen verursachten CO_2-Emissionen und einen möglichen Ausgleich zu berechnen.

The International Ecotourism Society
(www.ecotourism.org)
Non-Profit-Organisation mit der Zielsetzung, Ökotourismus zu fördern, Richtlinien und Standards für einen Ökotourismus zu entwickeln sowie Schulungen, technische Hilfe und bildungsfördernde Informationen anzubieten.

Nature Conservancy (www.nature.org)
Behandelt die drängendsten globalen Umweltbedrohungen.

Rainforest Alliance (www.rainforest-alliance.org)
Ziel der Rainforest Alliance ist der Erhaltung der Biodiversität und die Absicherung nachhaltiger Lebensgrundlagen durch die Veränderung von Bodennutzung, Geschäftspraktiken und Konsumentenverhalten.

FAIRreisen: Das Handbuch für alle, die umweltbewusst unterwegs sein wollen, von Frank Herrmann (oekom Verlag, 2016, E-Book und Druck)
Tourismusexperte Frank Herrmann klärt über Auswirkungen des Tourismusbooms, Tourismussiegel und umweltfreundliches Reisen auf.

Eine regelmäßig aktualisierte und verlinkte Onlineversion dieser Informationsquellen-Übersicht findest du auf vagabonding.net unter dem Link »Resources«.

WELTENBUMMLER-STIMMEN

Reise nicht, um von irgendwo wegzukommen. Tu es, um zu sein, wo auch immer du an jenem Abend bist, wenn du dich schlafen legst. Und wenn du mit dem Ort, an dem du dich aufhältst, oder mit dem, was du tust, nicht glücklich bist, dann ist es in Ordnung, weiterzuziehen oder einfach aufzugeben und nach Hause zu fahren.

EAMONN GEARON, 31,
SCHRIFTSTELLER, ENGLAND

Zu oft bilden sich Reisende etwas darauf ein, touristische Orte zu meiden. Denke daran, dass fast jede touristische Sehenswürdigkeit aus einem gutem Grunde beliebt ist. Ja, Touristen strömen in hellen Scharen dorthin, laufen an kitschigen Souvenirs zu überhöhten Preisen entlang. Aber versuche, einer von den Reisenden zu sein, die hinter diese Fassade schauen und sehen können, was der ursprüngliche Grund für die Anziehungskraft des Ortes war. Du bist zu einer Zeit auf Reisen, in der es nur noch sehr wenige Orte auf dieser Welt gibt, die noch entdeckt werden müssen. Einen perfekten, abgelegenen Flecken zu finden, mag eine Herausforderung sein, doch die Suche nach einem perfekten Erlebnis oder einer Begegnung vor Ort wird zu einer viel reicheren Erfahrung führen.

AARON ATENCIO, 33, *MARKETING UND ANZEIGEN, COLORADO*

Angenommen, du entscheidest dich, Träume zu verwirklichen, und ziehst zum Insel-Hüpfen in die Karibik oder unternimmst eine Safari in der Serengeti. Das wird wunderbar und unvergesslich sein, und du solltest es tun. Allerdings wird dann eine Zeit kommen – ob nach drei Wochen oder drei Monaten – in der du einfach nicht noch eine Piña Colada kippen oder noch einen rotärschigen Pavian fotografieren magst. Dieser Tag wird kommen. Selbstkritik und existenzielle Panikanfälle setzen gewöhnlich um diese Zeit ein. *Aber genau das wollte ich doch immer! Wieso langweile ich mich jetzt? Oh mein Gott, was kann ich bloß mit mir anfangen?* Dreh dann nicht gleich durch und gieße kein Öl ins Feuer. Das ist ganz normal, wenn man lange hart gearbeitet hat und dann plötzlich runterschaltet. Je smarter und ehrgeiziger du bist, desto heftiger werden diese Anfangsschmerzen sein. Hab keine Angst vor existenziellen oder gesellschaftlichen Herausforderungen. Freiheit ist wie ein neuer Sport. Zu Anfang ist ihre schiere Neuheit aufregend genug, um alles interessant zu machen. Hast du jedoch erst einmal die Grundlagen erlernt, wird deutlich, dass es zwar leicht ist, weniger Arbeit zu haben, aber schwer, die Leere mit mehr Leben zu füllen. Begeisterung erfordert, wie sich herausstellt, mehr als bloß Arbeitswut. Aber keine Sorge: Du wirst für deine Mühen reichhaltig belohnt.

TIM FERRISS, 38, *AUTOR, SAN FRANCISCO*

WELTENBUMMLER-STECKBRIEF

ED BURYN

Die Gefahr beim Vagabonding besteht darin, dass dir die Augen geöffnet werden – und du dabei die Welt entdeckst, wie sie wirklich ist.

ED BURYN, *VAGABONDING IN EUROPE AND NORTH AFRICA*

In den 1970er-Jahren, als die Exzesse der Gegenkultur Jack Kerouacs ekstatische Visionen des Unterwegsseins zu einer Karikatur verkommen ließen, machten Ed Buryns unkonventionelle Reiseführer normalen Weltenbummlern das individuelle Reisen schmackhaft. Buryns Bücher *Vagabonding in Europe and North Africa* und *Vagonding in the U.S.A.*, die Anregendes mit praktischen Ratschlägen mischten, inspirierten eine Generation von Reisenden, modische Klischees links liegen zu lassen und unterwegs die einfachen Freuden unmittelbarer Erfahrung zu suchen.

Buryn, als Kind polnischer Einwanderer in New Jersey und Florida aufgewachsen, war im Laufe seines Lebens als Matrose, Berufsfotograf, Verleger, Schriftsteller und Herausgeber, als Designer und Dichter aktiv.

In *Vagabonding in Europe and North Africa* hob Buryn hervor, dass Langzeitreisen nicht das exklusive Reich von Rebellen und Mystikern ist, sondern jedem offenstehe, der bereit sei, die aufregende Beschaffenheit der Realität wahrzunehmen: »Irgendwo steckt tief in uns allen der Wunsch nach Aufregung, die Lust auf etwas Verrücktes und eine unbändige Lebensfreude. Daher stammt der katalytische Impuls, ohne den alle anderen Erfordernisse bedeutungslos sind. Alltagstypen verfügen über dieses *sine qua non* genauso wie offensichtliche Freigeister. Menschen, die sich allein aufmachen, sind weder Helden noch notwendigerweise unkonventionell, denken und handeln aber in einem höheren Maße unabhängig als die meisten Leute. Der Weltenbummler setzt in sich selbst den latenten Drang frei, extremer zu leben.«

Reisen ist ein kreativer Akt – der nicht nur deine Seele baumeln lässt und lockt, sondern auch die Fantasie nährt, jedes neue Wunder wahrnimmt, erinnert und vorwärts bewegt … Und die besten Landschaften, augenscheinlich undurchdringlich oder nichtssagend, halten Überraschungen bereit, wenn man sie – unter widrigen Umständen, die man später auskosten kann – geduldig studiert.

PAUL THEROUX,
TO THE ENDS OF EARTH

KAPITEL 9

SEI KREATIV

In zahllosen Gaunerkomödien der letzten Jahre verfolgten die Protagonisten die Absicht, eine hohe Geldsumme zu klauen (eine Million Dollar sind immer ein schöner Betrag), um sich dann in ein tropisches Paradies in irgendeinem stillen Winkel der Welt zu flüchten. Das Happy End besteht darin, dieses ferne Shangri-La mit der Beute in der Hand zu erreichen – dem, was anschließend passiert, werden keine Filmminuten mehr gewidmet. Die Schlussfolgerung aus solchen Streifen ist, dass ein Haufen Geld und ein tropischer Zufluchtsort die idealen Zutaten für persönliches Glück sind und dass man vom Leben gar nichts Besseres erwarten kann, als herumzusitzen und Rumcocktails zu trinken, bis dich irgendwann schließlich der Tod ereilt.

Wie vieles im Kino ist dieses Szenario natürlich ein eskapistisches Klischee und man braucht keine Bank auszurauben, um das zu beweisen. Nimm einfach eine bescheidene, nicht geraubte Summe von – sagen wir mal – 5.000 Dollar mit an einen ruhigen, preiswerten Strand in Guatemala, Griechenland oder auf Goa und achte darauf, was geschieht. Aller Wahrscheinlichkeit nach wird dein Enthusiasmus darüber, mit Kokosbutter eingecremt herumzusitzen, schneller dahinschwinden als dein Geld. Der Grund dafür ist nicht, dass die tropischen Strände an diesen Orten langweilig wären (im Gegenteil, sie gehören zu den schönsten und herrlichsten Plätzen der Welt), sondern dass das, was die meisten Leute als »paradiesisch« betrachten, im Kontrast zu den Belastungen zu Hause definiert wird. Fallen diese Belastungen zwei Monate lang weg, wird es schwer, dem Nichtstun oder Abhängen am Strand mit großer Begeisterung oder Wertschätzung zu begegnen.

Natürlich beschränken wenige Weltenbummler ihre Reisetätigkeit auf eine Strandszene, aber das Entscheidende ist, dass du dir nie das perfekte Rezept für eine Reise ausdenken kannst, solange du noch zu Hause sitzt. Was dir während deiner Reiseplanungen noch als Paradies erschien – ob weiße Sandstrände, archäologische Wunder oder exotische Textilmärkte –, wird dir irgendwann, nach ein paar Wochen oder Monaten deines Lebens unterwegs, relativ normal vorkommen. Obendrein wirst du unterwegs zu diesen Orten so viele neue Dinge erleben, dass du deine ursprünglichen Beweggründe fürs Reisen wahrscheinlich irgendwann hinter dir lässt. Während dich neue Erfahrungen und Erkenntnisse in überraschende neue Richtungen drängen, wirst du mit der Zeit verstehen, warum Langzeitreisende beharrlich behaupten, dass die Reise selbst viel wichtiger ist als das Ziel.

Bisweilen wird dir die bloße Vielzahl an Möglichkeiten, die sich auf deinen Reisen bieten, überwältigend erscheinen. Einer der stressigsten Momente auf meinem ersten Trip durch Asien zum Beispiel hatte seine Ursache weder in einem körperlichen noch in einem emotionalen Trauma, sondern er entstand durch die Lektüre von Anzeigen für Billigreisen-Angebote in der *Bangkok Post.* Ich entdeckte, dass von Thailand aus jede wichtige Region der östlichen Hemisphäre für weniger als 400 Dollar erreichbar war. Innerhalb von zwei Tagen (und ohne großen Kostenaufwand) hätte ich mich in Paris, Beirut, Melbourne, Tokio, Kapstadt oder auf Bali wiederfinden und ein völlig anderes faszinierendes Abenteuer antreten können. Nachdem ich an jenem Abend in mein Gästehaus an der Khao San Road eingecheckt hatte, konnte ich kaum schlafen. Hatte ich mit Südostasien wirklich die richtige Wahl getroffen? Wollte ich nicht schon immer mal Australien sehen? Hätte mir Afrika das wildere Abenteuer geboten? Versprach Europa nicht mehr Romantik?

> **Begrenzungen entziehen sich meiner Vorstellungskraft, Visionen sind unendlich … morgen ist ein neuer Schritt ein neuer Schritt.**
>
> A. R. AMMONS, *CORSONS INLET*

Rückblickend erkenne ich, dass mein Stress nicht das Produkt von Unentschlossenheit war; der Konflikt ergab sich aus meinem nicht erfüllbaren Wunsch, gleichzeitig an all diesen Orten zu sein. In dem Wissen, dass in diesem Moment so viele Ziele mit wenig Geld erreichbar waren, fürchtete ich plötzlich, nie wieder die Chance zu bekommen, sie zu sehen. Reisen, so wurde mir langsam klar, war eine Metapher nicht nur für die zahllosen Möglichkeiten, die das Leben bietet, sondern auch für die Tatsache, dass dich die Entscheidung für eine dieser Möglichkeiten auf die Rahmenbedingungen dieser Wahl reduziert. Durch das Erkennen meiner Möglichkeiten wurden mir gleichzeitig auch meine Grenzen bewusst. Schließlich lernte ich, meine Reise nicht mehr als eine letzte apokalyptische Gelegenheit, die Welt zu sehen, zu betrachten, und fing an, sie unter ihren eigenen Bedingungen zu genießen. Während ich lernte, meine Energien auf meine unmittelbare Umgebung zu konzentrieren, verlängerte ich meinen ursprünglich für ein Jahr geplanten Aufenthalt in Asien sogar auf 30 intensiv erlebte Monate.

> Starke Männer sind nicht unbedingt die bedeutendsten Reisenden; es sind eher die am erfolgreichsten, mit das größte Interesse an ihrer Arbeit haben. Oder wie es ein Jäger ausdrückt: »Es ist die Nase, die den Hund schnell macht.«
>
> FRANCIS GALTON, *THE ART OF TRAVEL*

Ich war noch immer nicht in Australien und habe bislang von Afrika nur wenig gesehen – doch meine Entdeckungsfahrten in Asien gaben mir die Geduld und die Zuversicht zu wissen, dass ich diese Orte im Laufe der Zeit auch noch besuchen werde.

Insofern ist Vagabonding weniger eine Flucht als vielmehr eine geduldige Art von Ziellosigkeit – dem nicht unähnlich, was die australischen Aborigines »Buschwanderung« nennen. Das Ritual der Buschwanderung findet statt, wenn Aborigines ihren Arbeitsplatz eine Zeit lang verlassen und zu ihrem ursprünglichen Lebensstil im Outback zurückkehren. Auf einer breiteren und mythischeren Ebene wird diese Buschwanderung jedoch zu einer Art Heilprozedur, wenn ein Mensch durch die Aufgaben und Verpflichtungen des Lebens sein wahres Ich aus den Augen verloren hat. Um dies zu korrigieren, lässt man einfach alle Besitztümer hinter sich (ausgenommen die lebensnotwendigen) und macht sich auf den Weg. Das Faszinierende an diesem Buschwanderungsritus ist, dass es kein eigentliches Ziel gibt: Die Wanderung dauert so lange an, bis der Betroffene wieder mit sich im Reinen ist.

Mit meinem Hinweis auf den Mystizismus der Aborigines will ich nicht nahelegen, dass das Ziel des Weltenbummelns ein Selbstheilungsprozess ist. Ganzsein beinhaltet letztendlich ja auch Abschluss und Abschottung und Vagabonding ist ein fortlaufender Prozess, bei dem man Neues entdeckt. Gleichwohl kannst du auf deinen Reisen um die Welt genesen und bestimmte Bereiche in dir entdecken – psychische und emotionale –, von denen du bislang nicht wusstest, dass sie existieren. Und während du dies tust, wirst du gleichzeitig auch bestimmte Aspekte deines Ichs *hinter dir lassen* – Gewohnheiten, Vorurteile und sogar Teile deines Herzens.

Unterwegs das richtige Gleichgewicht zwischen Selbstfindung und Sich-Verlieren zu finden, erfordert natürlich Kreativität.

Kreativität ist besonders wichtig, wenn du schon längere Zeit unterwegs bist, denn du wirst unvermeidlich in eine Art von Reiseroutine verfallen. Bestimmte Aktivitäten – Schlafen, Essen, Lesen, Geselligkeit, Wandern – werden zu festen Bestandteilen des Tagesablaufs. Das ist schön und gut (letztendlich sorgt Routine ja auch dafür, dass du deinen Tag effizienter gestaltest), aber du solltest sorgfältig darauf achten, dass deine Tage oder Ziele nicht vor deinen Augen verschwimmen. Sollte es einmal so weit sein, dass du vom langen Reisen ausgelaugt bist, ist es an der Zeit, deine Reise etwas aufzumischen.

Wie du das erreichst, hängt von deinem bisherigen Reiseverlauf ab. Hast du bislang hauptsächlich Städte besucht, ist es vielleicht Zeit für einen Landaufenthalt. Hast du die meiste Zeit im Hinterland verbracht, schnuppere ein wenig Stadtluft. Warst du alleine unterwegs, dann schau dich mal nach neuen Reisegefährten um. Bist du bis jetzt mit einem Partner unterwegs gewesen, trennt euch für eine Weile. Falls du dir noch nicht genug Entspannung gegönnt hast, miete ein Kajak, mach einen Tauchlehrgang oder lerne Felsenklettern. Wenn du bis jetzt nur gespielt hast, ist es vielleicht an der Zeit, aufzubrechen und dich ohne ein bestimmtes Ziel im Kopf auf Wanderschaft zu begeben.

> Ich sage dir: Wir sind hier auf Erden, um herumzufurzen. Lass dir von niemandem etwas anderes erzählen!
>
> KURT VONNEGUT, ZEITBEBEN

Manchmal ist es gar kein schlechter Gedanke, dem Sparfuchs eine Pause zu gönnen und sich auch mal mit einem Feinschmeckeressen oder einer Nacht in einem Luxushotel zu verwöhnen, nur um zu sehen, wie die andere Hälfte reist. Gelegentlich kann es interessant und eine (ironischerweise unterhaltsame) Abwechslung zum unabhängigen Reisen sein, eine geführte Tour mit einer Touristengruppe zu buchen. Wenn du eine Überdosis an Lokalkolorit hast, macht es dir vielleicht Spaß, ein bisschen heimatliche Atmosphäre zu schnuppern. Ein heimliches Vergnügen, das ich mir zum Beispiel einmal in Bombay gönnte: Ich mampfte in einem Restaurant im amerikanischen Stil einen Burger und schaute mir dann auf einer großen Kinoleinwand *Drei Engel für Charlie* an. (Am nächsten Tag amüsierte ich mich bei einem vierstündigen Bollywood-Musical fast genauso gut und versuchte, die sich in Hindi abspielende Handlung zu enträtseln).

Eine todsichere Methode, das Reisen vor allzu großer Vorhersehbarkeit zu bewahren, besteht darin, sich ab und an die Beförderungsmittel zu kaufen oder beim Transport zu improvisieren. In Laos kaufte ich zusammen mit ein paar Mitreisenden ein Fischerboot und steuerte es drei aufregende Wochen lang den Mekong flussabwärts. In Burma kaufte ich mir in Mandalay ein in China hergestelltes Fahrrad mit nur einem Gang und strampelte darauf zehn Tage lang in Richtung Süden, bis ich es schließlich gegen eine Handvoll Perlen eintauschte. Im litauischen Vilnius hob ich am Straßenrand meinen Daumen in die Höhe und war drei Tage später vier Länder weiter entfernt (in Ungarn). In Israel verzichtete ich ganz auf Transportmittel und wanderte stattdessen wie Jesus zu Fuß durch Galiläa. Abgesehen davon, dass dies unvergessliche Erlebnisse waren, kostete mich jedes dieser Abenteuer am Ende zu gut wie nichts. Ich habe vor, noch weitere klassische Formen der Selbstbeförderung auszuprobieren, zum Beispiel mit einem Gebrauchtwagen durch Australien zu fahren, mit einem Gebrauchtpferd durch Argentinien und auf einem Gebrauchtkamel durch Marokko zu reiten oder mit einem Enfield-Motorrad frisch vom Werk durch Indien zu kurven.

Wie auch immer (oder wo auch immer) du auf Reisen bist: Du erlebst einen Ort selbstverständlich ganz unterschiedlich, je nachdem, ob du dort zwei Tage, zwei Monate oder zwei Jahre bleibst. Die meisten Orte wirst du nur für ein paar Tage erleben können, aber bloß weil du auf Reisen bist, musst du nicht ständig unterwegs sein. »Was stellst du dir denn darunter vor, wenn du die Welt sehen willst?«, stichelt Peleg in Herman Melvilles *Moby Dick*. »Siehst du nicht die Welt überall da, wo du stehst?« In diesem Sinne ist es empfehlenswert, dass du dir an irgendeinem Punkt deiner Tour einen einladenden Ort aussuchst und dich dort für ein paar Wochen oder Monate niederlässt, um ihn besser kennenzulernen.

Wo du das tust, ist ganz deiner Lust und Laune überlassen. Vielleicht bleibst du an einem Ort, den du schon immer kennenlernen wolltest; vielleicht stößt du zufällig auf einen Ort (oder auf eine Person), in den (oder die) du dich verliebst; oder du richtest dich einfach nach deinem Instinkt. In den zweieinhalb Jahren, in denen ich den Orient bereiste, blieb ich drei Wochen oder länger in Bangkok, Riga, Kairo und Pushkar.

> Die Leute sagen, man müsse reisen, um die Welt zu sehen. Manchmal denke ich, wenn man einfach an einem Ort bleibt und seine Augen offen hält, wird man fast alles sehen, was man verarbeiten kann.
>
> PAUL AUSTER, *SMOKE: RAUCHER UNTER SICH*

Die Gründe, warum ich an jedem dieser Orte blieb, waren nicht immer besonders inspiriert (in Pushkar zum Beispiel versuchte ich, etwas Ruhe zu finden und Magenprobleme auszukurieren); aber jede Erfahrung machte *irgendwie Sinn*, während ich sie durchlebte. »Beim Wandern macht man einen geheimnisvoll organischen Prozess durch«, stellte Joseph Campbell fest. »Das ist wie das Wachsen eines Baums. Er weiß nicht, an welcher Stelle er als Nächstes wächst. Ein Ast kann in diese Richtung weiterwachsen und dann in eine andere. Wenn man zurückblickt, wird man sehen, dass es eine organische Entwicklung war.« Genauso wirst du oft feststellen, dass deine Entscheidung, an einem bestimmten Ort zu bleiben, einfach nur eine Blüte deiner fortlaufenden Erlebnisse ist.

Hast du erst einmal einen besonderen Ort gefunden, den du für ein paar Wochen oder Monate zu deiner Wahlheimat machen willst, erschließen sich dir dort nahezu unendlich viele Möglichkeiten – und zwar ganz ohne Plan. »Es gibt tiefer liegende Gründe zu reisen – ein Jucken und Kitzeln am Unterbauch des Unbewussten«, schreibt Jeff Greenwald in *Shopping for Buddhas*. »Wir gehen dahin, wo wir hingehen müssen, und versuchen erst dann, uns vorzustellen, was wir dort tun wollen.« Anfangs bleibst du vielleicht nur an einem Ort, um etwas kürzerzutreten, zu faulenzen und dich vor deiner Weiterreise auszuruhen. Solltest du Lust verspüren, mal wieder zu lesen, dann spann einfach eine Hängematte auf und arbeite dich durch einen Stapel Bücher. Hast du Hobbys – Kochen, Malen, Musizieren, Meditieren –, könntest du die Zeit nutzen, diese Interessen in einem exotischen neuen Kontext zu vertiefen und zu variieren.

Ist dir mehr nach Geselligkeit zumute, könntest du zum Beispiel durch deine neue Wahlheimat auf Zeit spazieren und herausfinden, wie das Leben dort funktioniert: wie die Häuser gebaut sind, wie das Essen gekocht wird, wie die Kulturpflanzen angebaut werden (und gelegentlich kann es sogar vorkommen, dass du eingeladen wirst, ein bisschen mitzuhelfen). Gesellige Aktivitäten wie Fußball, Backgammon oder ein nachmittäglicher Cocktail bieten die Gelegenheit, Freundschaften mit Einheimischen zu schließen. Möglicherweise lernst du auch Unerwartetes über lokale Bräuche, Religionen oder Werte, indem du einfach nur die Rhythmen des Alltags beobachtest. Falls dir ziellose Neugierde nicht so liegt, finden sich auch viele strukturiertere Möglichkeiten, einen fremden Ort zu erleben. An vielen Orten wird zum Beispiel Unterricht in lokalen Künsten und Fähigkeiten erteilt (Thai-Massage, italienische Küche, indisches Yoga, argentinischer Tango), und Sprachunterricht, egal an welchem Ort, ist immer eine hervorragende Möglichkeit, in die örtliche Kultur einzutauchen.

> **Wenn du wirklich etwas über ein Land erfahren willst, arbeite dort.**
>
> CHARLES KURALT, *A LIFE ON THE ROAD*

Arbeit ist eine andere Möglichkeit, dein Erleben von Orten auf Reisen zu vertiefen. Auf Reisen wirst du selten Jobs finden, die dir viel Geld einbringen, aber du kannst damit zumindest deine Lebenshaltungskosten abdecken, während du gleichzeitig interessante Menschen kennenlernst und einzigartige Erfahrungen machst. Englischunterricht zu geben, ist unterwegs eine beliebte (und leicht erhältliche) Beschäftigung, aber es gibt jede Menge Alternativen – viele davon haben mit körperlicher Arbeit oder dem Hotel- und Gastgewerbe zu tun. In Neuseeland arbeiten Globetrotter zum Beispiel in der Landwirtschaft, in Frankreich bietet die Obsternte saisonale Jobs und in Israel hat das Arbeiten in einem Kibbutz-Kollektiv (in der Regel auf dem Feld oder in Fabriken) unter Reisenden eine lange Tradition. In Regionen mit hohem Touristenaufkommen kann man leicht einen Job in einem Hostel oder an einem Ferienort ergattern. Natürlich ist keiner dieser Jobs besonders glamourös, aber sie ermöglichen es dir, etwas Geld zu verdienen und gleichzeitig gewisse Ecken der Welt aus einem neuen Blickwinkel zu sehen. Die Abende, die ich in Jerusalem mit dem Verteilen von Werbeflyern für eine Bar verbrachte, spülten zwar nicht besonders viel Geld in meine Reisekasse, doch stundenlang desinteressierten Fußgängern Faltprospekte in die Hand zu drücken, lehrte mich eine Art von Demut, die meinen Blickwinkel auf die Stadt bereicherte. Du musst dir solche Jobs nicht schon vor deiner Abreise organisieren, aber Fachzeitschriften wie *Transitions Abroad* (siehe auch die Tipps zur Aufbesserung der Reisekasse am Ende dieses Kapitels) geben dir eine Vorstellung darüber, welche Kurzzeitjobs oder ehrenamtliche Tätigkeiten es da draußen überhaupt so gibt.

Wenn du nicht unbedingt Geld dazuverdienen musst, bieten Volunteer-Projekte eine sehr gute Möglichkeit, einen Ort kennenzulernen. Als ich zum Beispiel Nordamerika bereiste, blieb mir keine der touristischen Attraktionen von Mississippi so in Erinnerung wie jene Tage, die ich bei einem Freiwilligeneinsatz mit Betonschleppen für ein Hausbauprojekt außerhalb von Canton verbrachte. Solche Volunteer-Arbeiten können sich unterwegs zufällig ergeben (wenn du zum Beispiel kurzzeitig deine Medizin-, Schreiner- oder Englischkenntnisse für Gemeinden, durch die du fährst und die so etwas gerade benötigen, zur Verfügung stellst). Andere Freiwilligendienste – vom Bau von Bewässerungssystemen in El Salvador bis hin zu Computerlehrgängen in Tibet – werden über formalere Wege wie staatliche Agenturen, religiöse Gemeinschaften oder nicht staatliche Hilfsorganisationen vermittelt. Wenn du deine Fähigkeiten zur Verfügung stellst, solltest du dies aber nicht aus einem vagen Gefühl der Verpflichtung heraus oder aufgrund einer zusammengeschusterten politischen Moral tun, sondern nur, wenn es dir ein persönliches Anliegen ist. Letztendlich sind Freiwilligeneinsätze eine ernsthafte Angelegenheit und wenn du sie nicht aus aufrichtiger Überzeugung angehst, läufst du Gefahr, der Sache mehr zu schaden, als ihr zu helfen.

Sei bei der Suche nach dem passenden Freiwilligeneinsatz geduldig und bei der Arbeit dann bescheiden. In den meisten Fällen lernen Volunteers am Ende genauso viel, wie sie vermitteln. Deshalb sind Freiwilligeneinsätze nicht nur gesellschaftlich, sondern auch *persönlich* sinnvoll, denn sie werden deinen Idealismus mit einer gehörigen Portion Realität durchmischen. »Es ist unerlässlich, etwas über grundlegende und manchmal unüberbrückbare kulturelle und historische Gräben zwischen Völkern zu lernen«, merkte der Reiseschriftsteller und ehemalige Peace-Corps-Aktive Jeffrey Tayler an. »Man muss sich nicht der Selbsttäuschung hingeben, wir seien uns alle ähnlich oder dazu bestimmt, Mitglieder einer Art globaler Familie zu sein.« Tatsächlich lernt man bei Freiwilligen-

> Zuerst reisen wir, um uns zu verlieren; dann reisen wir, um uns zu finden. Wir reisen, um unsere Herzen und Augen zu öffnen und mehr über die Welt zu lernen als das, was die Zeitungen berichten. Wir reisen, um mit Ignoranz und Wissen das wenige, das wir mitbringen können, jenen Teilen des Globus zukommen zu lassen, deren Reichtümer anders verteilt sind. Und wir reisen im Wesentlichen, um wieder zu jungen Narren zu werden – um den Lauf der Zeit zu verlangsamen, in ihr aufzugehen und uns noch einmal zu verlieben.
>
> PICO IYER, *WHY WE TRAVEL*

einsätzen, Unterschiede anzuerkennen und oberflächliche Problemlösungen zu vermeiden, und diese wertvollen Erkenntnisse sind oft selbst der erste Schritt zur Lösung der Probleme.

Wie auch immer du dein Erleben eines Ortes bereicherst – ob du am Bau eines Erholungsheims mitwirkst, Weintrauben erntest oder im örtlichen Café Schach spielst: Fordere dich immer selbst heraus, Neues auszuprobieren und dazuzulernen.

So wirst du nicht nur neue Orte erkunden, sondern an einem Teppich der Lebenserfahrung weben, der viel dichter und komplexer ist, als du es dir zu Hause je hättest vorstellen können.

EMPFEHLUNGEN

BÜCHER ÜBER ARBEITSMÖGLICHKEITEN UND FREIWILLIGENEINSÄTZE IM AUSLAND

Volunteer Vacations: Short-Term Adventures That Will Benefit You and Others, von Bill McMillon, Doug Cutchins (Chicago Review Press, 2006, E-Book und Druck, Englisch)
Eine Aufstellung von mehr als 250 Wohltätigkeitsorganisationen und 2.000 Projekten weltweit, die Freiwillige suchen.

Internationale Freiwilligendienste – Lernen und Helfen weltweit, von Katja Clowes und Jörn Fischer (Interconnections Verlag, 2012, Druck)
Stellt die verschiedenen Möglichkeiten im Freiwilligendienst vor und gibt Infos, Adressen, Tipps und Erfahrungsberichte.

Abenteuer Au-Pair, von Georg Beckmann und Corinna Nitsche (Interconnections Verlag, 2006, Druck)
Leitfaden für künftige Au-pairs. Ehemalige Au-pairs berichten von ihren Erfahrungen.

WEBSITES ZU FREIWILLIGENEINSÄTZEN

Transitions Abroad Volunteering Resources (www.transitionsabroad.com/listings/work/volunteer/index.shtml)
Umfangreiche Zusammenstellungen von Links, Informationsquellen und Artikeln über die Verknüpfung von Reisen und Freiwilligeneinsätzen.

United Nations Volunteers (www.unv.org)
Website zu Freiwilligeneinsätzen für die Vereinten Nationen.

Freiwilligenarbeit.de (www.freiwilligenarbeit.de)
Wegweiser für Freiwilligenarbeit, Freiwilligendienst, soziales Engagement und Volunteering in internationalen Projekten.

Wegweiser-freiwilligenarbeit.com
(www.wegweiser-freiwilligenarbeit.com)
Unabhängiges Portal zu Freiwilligenarbeit im Ausland als Mittel des entwicklungspolitischen Lernens und der Völkerverständigung.

WEBSITES ZU ARBEITSMÖGLICHKEITEN IM AUSLAND

Idealist.org (www.idealist.org)
Onlinedatenbank zu Jobs im Ausland und Möglichkeiten für Volunteer-Arbeit weltweit.

EscapeArtist.com (www.escapeartist.com)
Onlineportal zum Leben, Arbeiten und Investieren im Ausland.

Willing Workers on Organic Farms (www.wwoof.de)
Diese Austauschorganisation bietet Zimmer und Verpflegung für Freiwillige, die in einem ökologischen Landwirtschaftsbetrieb mithelfen. Die Mitgliedschaft ist preiswert und Programme werden für Orte auf der ganzen Welt angeboten.

Transitions Abroad's Overseas Work Resources (www.transitionsabroad.com/listings/work/shortterm/index.shtml)
Umfangreiche Listen von Links, Informationsquellen und Artikeln über das Arbeiten im Ausland.

Deutsche im Ausland e.V.
(www.deutsche-im-ausland.org/arbeiten-im-ausland.html)
Allgemeine Informationen rund um Arbeit im Ausland, mit weiterführenden Links.

Karrierebibel (www.karrierebibel.de/jobs-im-ausland)
Länderspezifische Informationen für Jobs im Ausland.

REISELITERATUR-ANTHOLOGIEN

The Norton Book of Travel, herausgegeben von Paul Fussell (Norton, 1987, Druck, Englisch)
Eine Anthologie klassischer Reiseliteratur.

Marco Polo Didn't Go There: Stories and Revelations from One Decade as a Postmodern Travel Writer, von Rolf Potts (Travelers' Tales, 2008, E-Book und Druck, Englisch)
Weitgespannte Reisegeschichten – und dazu die Storys hinter den Storys – vom Autor von Weltenbummeln – Vagabonding.

My Kind of Place: Travel Stories from a Woman Who's Been Everywhere, von Susan Orlean (Random House, 2005, E-Book, Druck und Audio, Englisch)
Susan Orlean berichtet von ihren Abenteuern in Nah und Fern.

Jaguars Ripped My Flesh, von Tim Cahill (Vintage, 1996, E-Book und Druck, Englisch)
Beglückende und humorvolle Sammlung von Geschichten über Abenteuerreisen.

The Best Women's Travel Writing: True Stories from Around the World (Travelers' Tales, Jahrbuch, E-Book und Druck, Englisch)
Eine jährlich herausgegebene Anthologie der besten Reiseberichte von Weltenbummlerinnen.

Das Tao des Reisens, von Paul Theroux (Atlantik, 2015, E-Book und Druck)
Erkenntnisse, Ratschläge und Anekdoten von Reiseliteratur-Papst Paul Theroux.

The Travel Episodes: Geschichten von Fernweh und Freiheit, von Johannes Klaus (Malik, 2016, E-Book und Druck)
Sammlung der besten Reisereportagen.

Eine regelmäßig aktualisierte und verlinkte Onlineversion dieser Informationsquellen-Übersicht findest du auf vagabonding.net unter dem Link »Resources«.

WELTENBUMMLER-STIMMEN

Wir wollten auf Reisen wo immer möglich als Volunteers arbeiten. Kinder in Peru in einem außerschulischen Programm betreuen, mit Gymnasiasten in Laos Englisch üben, freiwilligen Ganztagsdienst in einem Elefantenschutzgebiet ableisten – diese Einsätze erlaubten uns, Teil von etwas zu sein, das größer ist als wir selbst, Menschen kennenzulernen und am Leben von Gemeinden vor Ort teilzuhaben.

ANN VAN LOEN, 43, *LEHRERIN, SEATTLE*

Eine Vielzahl an Einrichtungen, von Landgasthöfen über B&Bs bis hin zu Backpacker-Hostels, laden Reisende ein, gegen Unterkunft und Verpflegung Hilfsdienste zu leisten. Die Kurzzeit-»Gäste« packen bei leichten Arbeiten mit an und bekommen dafür ziemlich viel von der örtlichen Kultur mit. Mit Heubündeln auf dem Feld, Traubenpflücken in einem Weinberg oder Beerenpflücken auf einer Obstplantage kann man sich den ganzen Sommer lang preiswert in der Fremde durchschlagen. Kenntnisse in den Bereichen Landwirtschaft, Tierpflege, Bootsnavigation und Tischlerei sind in den unterschiedlichsten Winkeln des Globus begehrt. Abgesehen vom Geld, das man dabei spart, ist das Leben mit den Einheimischen und die Teilhabe an ihrem Alltagsleben die Arbeit allemal wert.

JAMES ULLRICH, 34, *AUTOR UND HERAUSGEBER, SEATTLE*

Reisen öffnete mir die Augen für die Tatsache, dass alles machbar ist: von dauerhaftem Inselurlaub bis hin zu einem völlig wilden und verrückten Leben. Auf meinen Reisen habe ich zahllose Menschen mit unterschiedlichen Erfahrungen getroffen – Leute, die einige Jahre lang an einem Strand in Bali, Thailand oder Griechenland gelebt haben oder in der Türkei oder Südamerika unterrichteten. Je mehr ich reise, desto mehr Reisende lerne ich kennen, und das heißt, dass sich ständig neue Möglichkeiten eröffnen. Deshalb ziehe ich in meinem Kopf immer hundert verschiedene Möglichkeiten in Erwägung.

LAVINIA SPALDING, 43, *AUTORIN UND LEHRERIN, SAN FRANCISCO*

WELTENBUMMLER-STECKBRIEF

DIE WELTENBUMMLER DER PAX ISLAMICA

Ich habe in der Tat, gelobt sei Gott, meinen sehnlichsten Wunsch auf dieser Welt erfüllen können – den Erdkreis zu bereisen.

IBN BATTUTA

Auch wenn naheliegen mag, Vagabonding lediglich als eine Freizeitbeschäftigung des industrialisierten Westens zu betrachten, so waren Langzeitreisen doch jahrhundertelang vornehmlich eine Kunst des Orients. Einige der anschaulichsten individuellen Weltenbummler-Berichte stammen aus der Epoche vom 10. bis zum 15. Jahrhundert, als sicheres Reisen innerhalb eines islamischen Reiches, das sich von den Säulen des Herkules am Atlantik bis zum malaysischen Archipel in Südostasien erstreckte, möglich war.

Ibn Battuta ist der berühmteste dieser arabischen Reisenden (siehe Kapitel 6), doch auch Männer wie der aus Spanien stammende Ibn Dschubair und Al-Muquaddasi aus Jerusalem wanderten bis in die entferntesten Winkel der islamischen Welt, gewannen unterwegs Lebenserfahrung und verdienten sich ihren Unterhalt als Lehrer, Anwälte, Hausierer, Buchbinder, Papiermacher, Händler, Boten und Pilger. Nicht alle diese Weltenbummler waren Moslems: Einer der erfolgreichsten Reisenden in der Ära der Pax Islamica war Benjamin von Tudela, ein spanischer Rabbi, dessen Abenteuer ihn im 12. Jahrhundert bis an die Westgrenze von China führten.

In *Bis zu den Grenzen der Erde*, beschrieb der im 10. Jahrhundert lebende muslimische Geograf Al-Masudi den Durst nach den unterschiedlichsten Erlebnissen, der die Wanderer jener Zeiten beflügelte: »Derjenige, der zu Hause an seinem Herd bleibt und sich mit den Informationen zufriedengibt, die er seine eigene Weltgegend betreffend erlangen kann, kann nicht auf einem Niveau mit jemandem sein, der seine Lebenszeit auf unterschiedliche Länder aufteilt und seine Tage mit Reisen auf der Suche nach wertvollem und originärem Wissen verbringt.«

Die Leute sagen, wir alle suchten nach einem Sinn des Lebens.
Ich glaube nicht, dass es das ist, wonach wir wirklich suchen.
Ich meine, was wir suchen, ist die Erfahrung, lebendig zu sein.

JOSEPH CAMPBELL, *DIE MACHT DER MYTHEN*

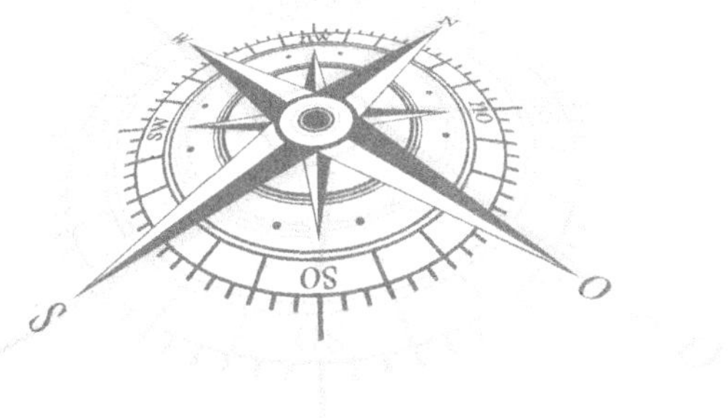

KAPITEL 10

LASS DEINE SEELE WACHSEN

Es gibt da noch eine Geschichte, die aus der Zeit der ägyptischen Wüstenväter stammt. Dieser Erzählung nach befand ein Mönch namens John der Zwerg eines Tages, das Leben im Kloster sei mit zu viel Arbeit verbunden und passe nicht so recht zu seinen geistigen Idealen. »Ich wäre gerne von allen Verpflichtungen befreit«, vertraute er seinem Abt an, »wie die Engel, die ja auch nicht arbeiten, aber unablässig mit Gott kommunizieren.« Darauf nahm

John der Zwerg seinen Umhang und ein wenig Nahrung mit und ging fort, hinaus in die Wüste. Ungefähr eine Woche später, mitten in der Nacht, hörte der Abt am Tor des Klosters ein verhaltenes Klopfen. »Wer ist da?«, wollte der Abt wissen. »Ich bin es, dein Bruder John der Zwerg«, war die kleinlaute Antwort. »Du musst verwirrt sein«, entgegnete der Abt spöttisch und hielt die Tür verschlossen, »denn John der Zwerg ist Engel geworden und lebt nicht mehr unter den Menschen.« Am nächsten Morgen schloss der Abt die Klosterpforte auf und entdeckte einen verzweifelten John zusammengekauert auf der Treppe hockend. »Ah, es sieht so aus, als wärst du doch ein Mensch«, sagte der schlaue Abt, »und musst wieder arbeiten, um leben zu können.«

Mit seinem schlecht durchdachten Abschied von der Realität auf der Suche nach Erleuchtung war John der Zwerg nicht der erste Mensch der Geschichte, der sich zum Narren machte – und sicher auch nicht der letzte. Tatsächlich ist die Reiseszene unserer Tage für solche unausgegorenen spirituellen Torheiten berüchtigt, denn viele Wanderer neigen dazu, schlichte Exotik mit mystischer Offenbarung zu verwechseln. Diejenigen, die in Indien den Guru des Monats suchen, und die am »Jerusalem-Syndrom« leidenden Spinner im Heiligen Land sind nur zwei der anschaulichen Klischees in einer langen Tradition eines hemmungslosen »Reisemystizismus«.

Die spirituelle Seite des Reisens wahrzunehmen bedeutet glücklicherweise nicht, dass du eine Robe anlegen und deinen Verstand verlieren musst. Das, was wir heute als persönliches Reisen kennen, ist nicht aus Forschung oder Handel entstanden, sondern steht in der historischen

Tradition der *Pilgerfahrt* – einer unpolitischen, nicht materiell orientierten Selbstfindung. Egal, ob du dein Weltenbummeln als eine »spirituelle« Reise betrachtest oder nicht: Selbst motivierte Wanderschaften waren schon immer mit der individuellen Seelenlage verbunden.

Auf einer noch simpleren Ebene ist ein erhöhtes spirituelles Bewusstsein das natürliche Ergebnis deiner Entscheidung, die materielle Welt in ihre Schranken zu weisen und dich für längere Zeit auf den Weg zu machen. Wo dein Schatz ist, da ist auch dein Herz – und die Entscheidung, dein Leben mit Zeit und Erfahrung (anstatt mit mehr »Dingen«) zu bereichern, wird unweigerlich eine geistige Dividende abwerfen. Letztendlich ist Reisen eine Form der Askese, die (um Kathleen Norris zu zitieren) »eine Möglichkeit ist, sich auf eine Art und Weise mit einfacheren Verhältnissen zu begnügen, die die Persönlichkeit als Gesamtheit stärkt. Es ist eine radikale Methode, um zu erfahren, wer, was und wo wir sind, obwohl mächtige Kräfte in unserer Gesellschaft uns dies vergessen lassen wollen.

So nötigt dich Reisen dazu, deine spirituelle Seite durch schlichtes Eliminieren zu entdecken: Ohne all die Rituale, Gewohnheiten und Besitztümer, die deinem Leben zu Hause Bedeutung verleihen, bist du gezwungen, in dir selbst nach einem Sinn zu suchen. Und so wie John der Zwerg »arbeiten musste, um zu leben«, ist auch dieser spirituelle Prozess nicht immer frei von Mühsal. Wenn Reisen eine Methode ist, die dir dazu verhilft, »dich selbst zu finden«, dann weil es dich in Situationen bringt, in denen du dich hinter nichts verstecken kannst – es zerrt dich aus dem Reich einstudierter Antworten und dumpfer Bequemlichkeit hervor und zwingt dich in die Gegenwart. Hier, in diesem flüchtigen Moment, bleibt dir nichts anderes übrig, als zu improvisieren und mit deinem rohen, wahren Selbst zurechtzukommen.

Dieser Prozess mag ziemlich nüchtern und praktisch klingen, steht aber im Einklang mit überlieferten spirituellen Traditionen. Jesus lehrte zum Beispiel, es sei sinnlos, in jenseitigen Reichen die Offenbarung zu suchen, denn »das Reich Gottes ist in dir«. Buddha stellte Erleuchtung nicht als einen mythischen Feuersturm, sondern als Demontage der konditionierten Persönlichkeit dar. Im alttestamentarisch-jüdischen Buch der Prediger heißt es: »Ein lebender Hund ist besser ist als ein toter Löwe«, denn Gott bevorzugt das, was du *im Hier und Heute* tust. Der Islam macht geltend, dass das Heilige nie vom Weltlichen getrennt ist und die Welt selbst spirituelle Lektionen erteilt.

> Nicht das Reden sollten wir kennen wollen,
> den Redner sollten wir kennen wollen.
> Nicht Gesehenes sollten wir kennen wollen,
> den Seher sollten wir kennen wollen.
> Nicht die Klänge sollten wir kennen wollen,
> den Hörer sollten wir kennen wollen.
> Nicht die Denkweise sollten wir
> kennen wollen: DEN DENKER
> SOLLTEN WIR KENNEN WOLLEN.
>
> AUS DEN *KAUSHITAKI UPANISCHADEN*

Während du die spirituellen Lektionen des Reisens lernst, wirst du vielleicht entdecken, dass es nicht immer möglich ist, dein Erleben zu teilen oder ihm Ausdruck zu verleihen. Religiöse Traditionen haben uns bestimmte Wörter und Metaphern gegeben, um das göttliche Reich zu beschreiben – doch Wörter sind Symbole und Symbole werden nicht von jedem gleich gedeutet. Viele Leute zum Beispiel betrachteten Jack Kerouacs *Unterwegs* als eine weltliche Hommage an Geschwindigkeit und Freiheit, doch für Kerouac war das Buch ein spirituelles Tagebuch. »Es war in Wirklichkeit die Geschichte von zwei katholischen Kumpels, die auf der Suche nach Gott durch das Land ziehen«, schrieb er 1961 in einem Brief an Carroll Brown. »Und wir fanden ihn. Ich fand ihn im Himmel, in der Market Street in San Francisco, und Dean schwitzte Gott jeden Tag aus seiner Stirn.« Traditionelle Katholiken mögen Kerouacs Charakterisierung des Göttlichen infrage stellen, aber diese Diskrepanz ist mehr eine Frage der Semantik als von Erleuchtung.

Oft kommt man der Spiritualität ohne besondere Lexika oder Regelwerke näher. Allzu häufig suchen Menschen unterwegs die spirituelle Seite des Lebens mit derselben Entschlossenheit, mit der sie Mitglied in einem Fitnessstudio werden: Sie wollen Ergebnisse und sie wollen sie schnell. Deshalb verkaufen sich (im übertragenen und im buchstäblichen Sinne) die Yogacamps in Indien, die Meditationszentren in Thailand und die evangelikalen Gruppentouren in Galiläa an Urlauber, die auf der Suche nach sofortiger spiritueller Erfüllung sind. In Wirklichkeit kann man genauso viel Erleuchtung erlangen, wenn man sich allein in den Gassen von Varanasi verirrt, im Minibus von Bangkok nach Surat Thani an Durchfall leidet oder auf dem Marktplatz von Nazareth mit Kindern spielt. Obendrein ist Spiritualität ein fortlaufender Prozess, der sich im Laufe der Jahre vertieft – und jene, die die Welt in der Hoffnung bereisen, »vom Licht geblendet zu werden«, sind oft blind für das Licht, das sie längst umgibt.

Auf gewisse Weise erfordert eine spirituelle Suche die gleiche Art von Offenheit und Realitätssinn wie das Weltenbummeln, insbesondere in kulturell umgekehrten Situationen (die nicht nur im entfernten Lhasa oder Rishikesh, sondern auch in Jerusalem oder auf dem Berg Athos zu finden sind). »Es gibt keinen anderen Gott als die Wirklichkeit«, lautet ein Sprichwort, das einer mythischen Sufi-Sekte zugeschrieben wird. Das mag blasphemisch klingen, ist aber keine Bekundung von Unglauben, sondern vielmehr die Warnung, Erleuchtung nicht in einen Fetisch und Tradition nicht in ein Dogma zu verwandeln. Es ist eine Mahnung, das Reich des Spirituellen nie auf die engen Grenzen der eigenen Wahrnehmungen, Vorurteile und Ideale zu reduzieren.

Tatsächlich wirst du, wenn du lange genug auf Reisen bist, feststellen, dass deine spirituellen Offenbarungen unweigerlich im Alltäglichen gründen. Eine großartige kleine Episode spirituellen Entdeckens stammt von Joshua Geisler, einem amerikanischen Musiker, den ich in Indien kennenlernte. Obgleich Joshua ursprünglich wegen der musikalischen und mystischen Traditionen des Landes nach Indien fuhr, war es gerade sein Idealismus, der anfänglich sein Reifen als Musiker behinderte. In seinen ersten Unterrichtsstunden bei einem indischen Flötenmeister interessierte er sich nur für die mystische Seite der Musik. Doch wie Joshua mir in einer E-Mail berichtete, lenkte der erfahrene Lehrer den Unterricht stets zurück zu den funktionellen Herausforderungen seiner Kunst:

> Wir müssen unser Dasein, so weit als es irgend geht, annehmen; alles, auch das Unerhörte muss darin möglich sein. Das ist im Grunde der einzige Mut, den man von uns verlangt: mutig zu sein zu dem Seltsamsten, Wunderlichsten und Unaufklärbarsten, das uns begegnen kann.
>
> RAINER MARIA RILKE, *BRIEFE AN EINEN JUNGEN DICHTER*

»Aber was ist mit dem Hofmusiker Tansen«, fragte ich dann. »Stimmt es wirklich, dass er mit seiner Stimme ein Feuer entzünden konnte?« Mit einem leisen Lächeln antwortete der Meister: »Warum eine Raga singen, wenn du auch einfach ein Streichholz anzünden könntest?«

Schließlich wurde Joshua klar, dass es gerade das praktische Denken des Flötenmeisters war – sein Vertrauen in technische Sorgfalt –, das seine Fähigkeit zu wahrem spirituellen Ausdruck beim Musizieren steigerte.

Im Grunde genommen ist das Entdecken des Heiligen auf Reisen also weniger eine abstrakte Suche als eine Wahrnehmungsweise – eine aufrichtige Achtsamkeit, die weder blinden Glauben noch blinde Zweifel gebrauchen kann.

Und oftmals ergeben sich beim Reisen die eindringlichsten Erfahrungen gerade dadurch, dass man *nicht* findet, wonach man ursprünglich suchte. In *Auf der Spur des Schneeleoparden* (das viele für das beste Reisebuch des letzten Jahrhunderts halten) erfüllt die Tatsache, dass er während seiner Abenteuer im Himalaya nie einen Schneeleoparden zu sehen bekommt, den Autor Peter Matthiessen mit einer ironischen Freude. Derart des Höhepunkts beraubt, erkennt Matthiessen die simple Essenz seiner Reise: »die alltäglichen Wunder – das Gemurmel meiner Freunde am Abend, die mit rußigem Wacholder entfachten Feuer unter Tontöpfen, das fade Essen, die Mühsal und die Einfachheit; die Befriedigung, die darin liegt, sich immer nur auf eine Sache auf einmal zu konzentrieren:

Wenn ich meine blaue Blechtasse in die Hand nehme, dann tue ich nichts anderes.« Bevor du dich auf Reisen begibst, wirst du die spirituelle Bedeutung solcher anscheinend banaler Einzelheiten vielleicht nicht erkennen. Schließlich ist eine Reise nur eine zeitlich befristete Abwechslung, und die »Wunder des Alltags«, die sie verspricht, wirken wie ein eher bescheidener Lohn. Bis du feststellst, dass das Leben selbst eine Art Reise ist.

> Wer immer du bist!
> Bewegung und Besinnung sind vor allem
> für dich, das göttliche Schiff segelt durch die
> göttliche See für dich.
> Wer immer du bist! Du bist der Mensch, für
> den die Erde fest oder flüssig ist,
> du bist der Mensch, für den die Sonne und
> der Mond am Himmel hängen,
> für niemanden mehr als für dich sind
> Gegenwart und Vergangenheit,
> für niemanden mehr als für dich
> gibt's die Unsterblichkeit.
>
> WALT WHITMAN, *EIN GESANG DER ROLLENDEN ERDE*

EMPFEHLUNGEN

SPIRITUELLE REISELITERATUR

Grashalme, von Walt Whitman (1855; Hofenberg, Neuauflage 2016)
Ekstatische, auf Gleichheit beruhende Oden an die Freude, am Leben zu sein. Nachdrücklich empfohlene Lektüre.

Auf den Spuren des Schneeleoparden, von Peter Matthiessen (1978; Sierra Taschenbuch, Neuauflage 2000)
Dieser Bericht über Matthiessens Reise durch den Himalaya von 1973 ist ein vom Zen-Buddhismus geprägter Reiseklassiker.

Pilger am Tinker Creek (Naturkunden), von Annie Dillard (1974; Matthes & Seitz Berlin, Neuauflage 2016)
Eine eloquente Meditation über Leben, Tod und Natur, die in der Wildnis Virginias spielt.

HEILIGE TEXTE: EINE AUSWAHL

Die Bibel: Buch der Prediger
Das prägnanteste, kraftvollste und universell gültigste Buch der Weisheit in der jüdischen Tradition.

Die Bibel: Matthäusevangelium, Lukasevangelium
Zwei fesselnde Berichte über Leben und Lehren Jesu, überliefert von Matthäus (einem jüdischen Steuereintreiber) und Lukas (einem griechischen Arzt).

Dhammapada: Die Weisheitslehre des Buddha (Verlag Herder, 2016)
Eine verständliche Übersetzung der Sutras, die für die buddhistische Tradition so grundlegend sind wie die Bergpredigt für die christliche Tradition.

Der Koran: Eine Einführung, von Hartmut Bobzin (C. H. Beck, 2015)
Eine Sammlung von Texten aus dem Koran, zusammengestellt, um nicht muslimischen Abendländern zu helfen, die Kraft und die Poesie des heiligen Buchs der Muslime zu verstehen.

Tao te king: Das Buch vom Sinn und Leben, von Laotse (Nikol, 2010)
Eine Zen-beeinflusste Übersetzung von Laozis klassischen Meditationen.

Die Upanischaden, von Eknath Easwaran (Goldmann Verlag, 2008)
Schlichte und kraftvolle Verse aus der alten, mystischen Tradition des Hinduismus.

Eine regelmäßig aktualisierte und verlinkte Onlineversion dieser Informationsquellen-Übersicht findest du auf vagabonding.net unter dem Link »Resources«.

WELTENBUMMLER-STIMMEN

Für mich ist Reisen Ekstase. Mit »Ekstase« meine ich nicht einfach intensiv erlebtes Glück oder Freude; es ist viel mehr als das. Ekstase, oder *ekstasis* im Griechischen, bedeutete ursprünglich »außerhalb seiner selbst sein oder stehen; eine Verlagerung anderswohin«. Genau das ist Reisen, sowohl physisch als auch im philosophischen Sinne. Als ich Florida verließ, um nach Asien zu gehen, ließ ich nicht nur einen geografischen Ort hinter mir, sondern auch die mir vertraute Umgebung, Gewohnheiten und die Menschen, die mir vermittelten, wer ich bin. Das war beängstigend, aber auch überraschend befreiend.

DEREK ORTH, 28,
SYNCHRONSPRECHER, FLORIDA

Reisen stellt lang gehegte Vorurteile und alte Gewohnheiten infrage. Es wird deine langweiligen alten Verhaltensmuster aufbrechen und dich jeden Regentropfen spüren und jeden Bissen Mango schmecken lassen. Es wird dich dazu anregen, das Feuer deiner Kreativität wieder neu zu entfachen, bis aus deinem tiefsten Innern neue Ideen hervorsprühen. Es wird deine Fähigkeit zu kindlichem Erstaunen wiederherstellen.

JESSICA YURASEK, 31,
DESIGNERIN, MICHIGAN

Ich finde, dass Reisen die beste Metapher für ein spirituelles Leben ist … und ich möchte ein solches Leben führen. Im Laufe der Jahre kam ich zu der Überzeugung, dass ich den Menschen in den Ländern, die ich bereise und aus denen ich so viel an Wissen und Erfahrung mitnehme, etwas zurückgeben muss. Seitdem überschlage ich mein Budget für eine bestimmte Reise immer grob und lege zehn Prozent davon beiseite, sozusagen einen »Reisezehnt«. Unterwegs verschenke ich das Geld dann, wenn ich Einzelpersonen oder Familien in besonderen Notlagen begegne; manchmal gebe ich es auch an religiöse Gruppen oder Organisationen, von denen ich meine, dass sie es wert sind. Als Christ glaube ich ohnehin daran, »auf dieser Erde nur ein Pilger und Reisender« zu sein.

ADAM LEE, 44, *LEHRER, MINNESOTA*

WELTENBUMMLER-STECKBRIEF

ANNIE DILLARD

Schönheit und Anmut entfalten sich, ob wir sie empfinden oder nicht. Das Mindeste, was wir tun können, ist, zu versuchen, dabei zu sein.

ANNIE DILLARD, *PILGER AM TINKER CREEK*

Annie Dillard, die sich selbst als eine »Wanderin mit einem theologischen Hintergrund und einer Vorliebe für skurrile Fakten« beschrieb, betrachtet das Reich des Geistigen durch die Brille der Natur.

Als Annie Doak 1945 in Pittsburgh geboren, hatte Dillard eine salingereske Kindheit – sie untersuchte ihren eigenen Urin unter einem Mikroskop und wurde von ihrem Vater (der einst selbst einen Job aufkündigte, um den Mississippi stromabwärts zu reisen) dazu ermutigt, *Unterwegs* zu lesen. Nachdem sie im Alter von 25 Jahren fast an einer Lungenentzündung gestorben war, beschloss Dillard, sie müsse das Leben intensiver verspüren – und verbrachte ein Jahr ganz allein in den Wäldern von Virginia. Das Buch *Pilger am Tinker Creek*, das sie über diese Erfahrung schrieb (und das christliche Spiritualität mit exzentrischen Beobachtungen über die Welt der Natur verschmilzt), wurde schließlich mit dem Pulitzerpreis ausgezeichnet.

In ihren Texten hebt Dillard hervor, dass Neugierde auf die Welt auch der Anfang einer spirituellen Entdeckung ist und umgekehrt: »Was wir zunächst einmal wissen, ist: Wir sind unbestreitbar hier. Das ist unser Leben, dies sind unsere erleuchteten Zeiten und dann sterben wir. In der Zwischenzeit, zwischen der Zeit, können wir sehen. Die Schuppen sind uns von den Augen gefallen, der graue Star wurde wegoperiert und wir können uns an die Arbeit machen und versuchen, in dem Flickwerk aus Farben, das wir sehen, einen Sinn zu erkennen und zu verstehen, wo wir eigentlich stehen. Schon der gesunde Menschenverstand sagt: Wenn man irgendwo einzieht, versucht man, die Nachbarschaft kennenzulernen.«

TEIL 5

WIEDER ZU HAUSE

Rund um die Welt! Ein stolzes Wort, das stolze Gefühle erwecken kann. Aber wozu eine Weltumseglung? Wohin sollte sie führen? Durch zahllose Gefahren zurück zu unserem Ausgangspunkt, wo die, die wir verließen, lägst vor uns waren?

HERMAN MELVILLE, *MOBY DICK*

KAPITEL 11

LEBE DEINE GESCHICHTE

Die Heimkehr kann zu den schwierigsten Abenteuern und Herausforderungen gehören, die einen Weltenbummler auf seinem Weg erwarten.

Zum einen ist die Heimkehr einfach deprimierend, weil sie das Ende des Spaßes, der Freiheit und der zufälligen Glücksmomente bedeutet, die du unterwegs genossen hast. Doch auf einer weniger greifbaren Ebene kann die Rückkehr nach Hause nach intensiven Erlebnissen im Ausland auch irgendwie *seltsam* und verstörend sein. Jeder Aspekt deines Zuhauses wird mehr oder weniger so aussehen wie damals, als du es verlassen hast, aber es wird sich völlig anders *anfühlen*.

Um dieser Heimkehr-Erlebnis zu verstehen, wird häufig T.S. Eliots »Little Gidding« zitiert:

Und das Ende all unsres Forschens
Wird die Ankunft am Ausgangspunkt sein
Und wir lernen den Ort zum ersten Mal kennen.

So anregend das auch klingen mag: Seine Heimat »zum ersten Mal« kennenzulernen heißt, dass man sich an einem Ort, der einem eigentlich vertraut sein müsste, wie ein Fremder fühlt.

Anfangs wirst du dich freuen, zu Hause all die Kleinigkeiten wiederzuentdecken, die du in fernen Ländern vermisst hast: lange warm duschen, die neuesten Filme im vollen Dolby-Sound, Essen und Trinken in deinen Lieblingsrestaurants und Stammlokalen. Doch nach ein paar Tagen des Schwelgens wird dich ein merkwürdiges Gefühl von Heimweh überkommen ... nach dem Unterwegssein.

Deine alten Freunde werden dir diesbezüglich keinerlei Hilfe bieten können. So begeisternd und lebensverändernd deine Reiseerlebnisse auch waren, werden deine Freunde selten in der Lage sein, sie richtig zu würdigen, weil sie nicht die Werte teilen, die dich ursprünglich veranlassten aufzubrechen. Vielleicht hast du ja einem anderen Reisenden, dem du in Sambia begegnet bist, schon nach zwei Stunden dein Herz ausgeschüttet, aber aus irgendwelchen Gründen wirst du es nicht schaffen, deine engsten Freunde dazu zu bringen, aus ihren Standardgesprächsmustern auszubrechen und echtes Interesse an deinen Abenteuern zu zeigen.

Eine anschauliche Darstellung dieser sozialen Kluft liefert der amerikanische Weltenbummler Jason Gaspero, der mir in einer E-Mail schrieb: »Zu den schwierigsten Dingen, die ich in Zusammenhang mit meinen Reisen erlebte, gehörte der Versuch, alten Freunden und Bekannten, die während der gesamten Zeit meiner Abwesenheit zu Hause geblieben waren, von meinen Erlebnissen zu erzählen. Wenn ich berichtete, wie ich mit einem javanischen Transvestiten in eine Prügelei geriet, mit Barrakudas schwamm oder scharf gewürzten Hund mit Reis aß, bekamen sie glasige Augen. Als ich mit meinem Erlebnisbericht fertig war, kam kaum eine Reaktion. Nur ein mattes »Wow«. Dann fingen sie an zu erzählen, was in unserer Stammkneipe alles passiert war und dass sie Sally vom College wiedergetroffen hatten. Ich dachte, ich würde in der Ferne so vieles vermissen, doch diese Treffen machten mir klar, dass ich ein anderer Mensch geworden war.«

Begegnungen wie diese werden dir verdeutlichen, warum Reisen immer eine persönlich motivierte Unternehmung sein sollte. Der gesellschaftliche Lohn wird nie mit dem persönlichen Gewinn mithalten können. Fasse dich also kurz, wenn du von deinen Erlebnissen unterwegs erzählst, und behalte die besten Geschichten für dich. »Ich schwöre, ich erkenne, was besser ist, als das Beste preiszugeben«, schrieb Walt Whitman. »Das Beste ungesagt zu lassen, ist stets das Beste.«

Überdies ist es nicht annähernd so wichtig, die Geschichte zu erzählen, wie sie zu *leben*. Dein Vagabonding-Erlebnis ist gewiss keine kuriose Sandburg, die fortgespült wird, sobald du nach Hause kommst. Wenn tatsächlich der Weg und nicht das Ziel die Essenz des Reisens ist, wenn Reisen wirklich mit einer Haltung der bewussten Wahrnehmung und der Offenheit gegenüber neuen Dingen einhergeht, dann kann *jeder* Moment als Teil einer Reise betrachtet werden. »Dinge, die gewöhnlich der Grund für unsere Reisen sind, werden, wenn sie vor unseren Augen liegen, oft übersehen und vernachlässigt«, schrieb Plinius der Jüngere. In diesem Sinne ist es wichtig, sich zu vergegenwärtigen, dass man seine Weltenbummler-Einstellung nicht an- und ausschalten kann, wie es einem gerade passt. Sie ist vielmehr ein fortlaufender, organischer Prozess, der selbst dann noch andauert, wenn du deine Taschen ausgepackt und dich langsam wieder an zu Hause gewöhnt hast. Auf Reisen zu gehen, um die Reiselust loszuwerden, funktioniert selten. Die beste Vorgehensweise nach der Rückkehr ist also, die Weltenbummler-Einstellung zu einem ganz normalen Bestandteil deines Verhaltens zu machen.

Prompter Lohn einer solchen Einstellung wird das Gefühl sein, dass dein Zuhause nun plötzlich mit dem Rest des Planeten verbunden ist. Du wirst feststellen, dass deine Reisen dein Interesse an der Welt und die Welt in dir erweckt haben. Erfahrungen und Beobachtungen, die du unterwegs vielleicht noch nicht richtig einordnen konntest, ergeben auf einmal Sinn. Nachrichten über Regionen, die du besucht hast, bewegen dich persönlich – und du wirst erkennen, wie eingeschränkt der Blick der Massenmedien auf andere Orte und Kulturen ist. Wenn du dich lesend, lernend und denkend weiterhin mit den Orten beschäftigst, die du besucht hast, wirst du merken, dass das

Reisen nie wirklich endet. Selbst in Momenten der Einsamkeit zu Hause wirst du dich weniger als isoliertes Individuum denn als Teil einer größeren Gemeinschaft von nahen und weit entfernten, vergangenen und zukünftigen Menschen und Orten fühlen.

Was die pragmatischen Herausforderungen des »Wiedereintritts« in dein heimatliches Leben betrifft (sich wieder einrichten, einen Job finden, einen Alltag gestalten), so solltest du sie einfach als neue Abenteuer ansehen. Entdecke deine Arbeit neu und mach sie gut. Nutze deine Fähigkeit, einfach und praktisch zu leben, um mehr Freizeit zu gewinnen. Tu es den besten Leuten gleich, die dort, wo du sie unterwegs kennengelernt hast, zu Hause waren. Halte fest, was du von ihnen gelernt hast – Gastfreundschaft, Freude, Ehrfurcht, Rechtschaffenheit –, und nimm diese Dinge in dein eigenes Leben auf. Behalte das bedachtsame Tempo und die frische Weltsicht bei, die dein Reiseerlebnis so lebendig machten, und gönne dir in deinen Alltagsabläufen auch unverplante Zeit. Lass nicht zu, dass sich die Fehler und Laster, die du unterwegs besiegt hast – Furcht, Selbstsucht, Eitelkeit, Vorurteile, Neid – wieder in deinen Alltag einschleichen. Erkunde deine Heimatstadt, als sei sie ein fremdes Land, und interessiere dich für deine Nachbarn, als gehörten sie einem exotischen Stamm an. Bleib dir treu und hör nicht auf zu lernen. Sei kreativ und lass dich auf Abenteuer ein. Verdiene dir deine Freiheit von Neuem und setz dir keine Grenzen. Mach die Dinge nicht kompliziert und lass deine Seele wachsen.

Doch vor allem lebe dein Leben weiterhin so, dass deinen Träumen Raum zum Atmen bleibt.

Denn du weißt nie, wann du erneut den Drang verspürst, dich wieder auf den Weg zu machen.

Allons! Die Straße liegt vor uns!
Sie ist sicher – ich habe sie erprobt – meine
eigenen Füße haben sie wohl erprobt –
lass dich nicht zurückhalten!
Lass das Papier unbeschrieben auf dem Pult,
ungeöffnet das Buch auf dem Gestell!
Die Werkzeuge lass in der Werkstatt
liegen! Lass unverdient das Geld!
Lass die Schule! Achte nicht auf den Ruf des Lehrers!
Lass den Prediger auf seiner Kanzel predigen!
Den Advokaten vor Gericht plädieren, und
den Richter lass das Gesetz auslegen.
Kamerado, ich reiche dir die Hand!
Ich gebe dir meine Liebe, teurer als Gold!
Ich gebe dir mich selbst, mehr als Predigt und Gesetz.
Willst du dich mir geben? Willst du
mit mir auf die Wanderung?
Sollen wir uns auf Lebenszeit einander anschließen?

WALT WHITMAN, *GESANG VON DER FREIEN STRASSE*

DANKSAGUNG

Dieses Buch wurde von Joni Rendon (mit großer Unterstützung durch Bill Jenkins) angeregt, die die rudimentären Anfänge auf meiner Website entdeckte und in ihrem Enthusiasmus nie nachließ, als das Projekt konkrete Formen annahm. Sarah Jane Freymann, Lynda Ireland, Jeff Lebow, Jen Leo, Cathrine Wessel und Katie Zug standen mir – jede(r) auf seine Weise – mit Rat, Unterstützung und Anregungen zur Seite. Mike Marlett verdient für seine geniale Internet-Hilfe eine gesonderte Erwähnung. Ebenso Don George, der mir die einmalige Chance bot, mich auf

Salon.com zu beweisen. Meine Liebe gilt Alice Potts für ihre Geduld und meiner großen Schwester Kristin Van Tassel, die mir das Lesen beibrachte, in all den Jahren meine Texte korrigierte und über alle meine Witze lacht. Schließlich ein herzliches Dankeschön an jeden, dem ich auf meinen Reisen begegnet bin – Reisende und Gastgeber gleichermaßen. Danke für eure Großzügigkeit, Kameradschaft und Ausgelassenheit. Ohne euch wäre mein Vagabonding nicht dasselbe gewesen.

ÜBER DEN AUTOR

Rolf Potts finanzierte seine ersten Vagabonding-Abenteuer mit Jobs als Landschaftsgärtner und Englischlehrer. Heute ist er als Journalist und Reiseschriftsteller tätig und hat mittlerweile unter anderem für *Outside*, *National Geographic Traveler*, *The New Yorker*, *Sports Illustrated*, *The Atlantic*, *Slate*, National Public Radio und dem Travel Channel aus mehr als 70 Ländern berichtet.

rolfpotts.com